U0072134

時尚唐人

www.foreverbooks.com.tw

yungjiuh@ms45.hinet.net

POWER 系列 49

時尚唐人

編　　　著	曾玉祺
出 版 者	讀品文化事業有限公司
責任編輯	林秀如
封面設計	姚恩涵
美術編輯	王國卿

總 經 銷	永續圖書有限公司
	TEL ／(02)86473663
	FAX ／(02)86473660
劃撥帳號	18669219
地　　　址	22103 新北市汐止區大同路三段 194 號 9 樓之 1
	TEL ／(02)86473663
	FAX ／(02)86473660
出 版 日	2017 年 3 月

法律顧問	方圓法律事務所　涂成樞律師
CVS 代理	美璟文化有限公司
	TEL ／(02)27239968
	FAX ／(02)27239668

國家圖書館出版品預行編目資料

時尚唐人／曾玉祺編著. - - 初版. - -

新北市 ： 讀品文化, 民 106.03

面；公分. - -（POWER 系列：49）

ISBN 978-986-453-047-2 (平裝)

1. 社會生活　2. 生活史　3. 唐代

634

106000450

前言

　　唐朝就是這麼酷！

　　中國曾經有一個搖滾樂團叫「唐朝」，他們有一首很著名的歌叫《夢回唐朝》，每次聽到他們聲嘶力竭地吼著「夢裡回到唐朝」「紙香墨飛詞賦滿江」「豪傑英氣大千錦亮」的時候，人們都不禁對那個朝代心馳神往。

　　這麼說來，這首歌存在的真正原因，就是在中華大地的五千年文明中，有一個閃閃發亮的時代，那是一個很酷的時代。那個時代酷到什麼地步呢？舉個例子，現在這個國家誰誰當總統或者那個國家怎麼怎麼樣，各國的領導人和人民基本都一清二楚，但這是在資訊發達的現代。然而即便在那個相對封閉的時代裡，唐朝，這兩個字眼仍像是悶天一聲雷，無論在世界各地，都是那麼的響亮；唐朝就像是漆黑深夜中的螢火蟲一樣，無論在哪個國家人的眼中，都是那麼的出眾、那麼的鮮明。

　　那個時候，唐朝的名聲馳譽海內外，與中東的阿拉伯帝國、歐洲的神聖羅馬帝國並立為當時幾大強國之一。但無論是疆域版圖還是國家文化，那些對手簡直不值得一提，甚至很多國家都派使節來巴結唐朝或者派人來唐朝學習先進的知識。

　　直到今天，中國周邊的一些國家，如日本、韓國仍然保

持著唐朝的一些風俗禮節，歐美等國提起中國的時候還很樂意地稱中國人為「唐人」，在本國建設唐人街。能有這麼深遠的歷史影響，可見當時唐朝的強悍，當時的唐朝完全可以說是真真正正的「天朝」。

那麼，為什麼唐朝會這麼酷呢？我們這本書就要從唐朝百姓的日常生活入手，為你展現一個與眾不同，時尚又前衛的唐朝，也許看過之後，你會出乎意料地發現，唐朝是一個走在時代前沿的朝代，是一個與眾不同的朝代。

第 二 章

我是不是世界上最美麗的人？

第六章

煮酒論英雄—酒水篇

第七章

飲茶談君子—飲茶篇

第八章

我愛我的城市

第九章

住得舒服很重要

第十章
長壽是每個人的追求

第十一章
唐人的婚姻觀

1.

人是衣裳馬是鞍

一、唐人穿什麼

服裝篇

　　如果你是一個喜歡在網路上買衣服的人，那你一定知道當今的時尚元素有哪些。網站裡那些所謂的暢銷款都打著韓國風的名義，說自家的衣服是正宗的韓版貨。其實看到那些圖片，你就會發現，所謂的韓國流行風無非是高腰、低胸、披肩等等。每次看到這些，筆者都會在心裡感歎，你們這些根本就不是時尚好不好？你們這些已經落後好幾千年了好不好？你們跟唐朝比起來簡直弱爆了好不好？你們的這些流行元素在唐朝就已經開始流行了好不好？

　　打住，再問這麼多「好不好」也沒有什麼意義，但正是因為這種衣服在現在仍然流行，就更說明當時的唐朝是多麼的厲害，其在很多方面的審美都堪稱前衛，以至於那時的流行元素現在還能引發時尚界的關注，這在歷史上絕對是極其特別的。

　　現在，我們就來研究一下唐朝的服裝，看一看，那個時代的唐人們到底是怎麼在穿衣戴帽上折騰自己的。

　　其實說起來，唐朝當時的服裝之所以走在時尚界的前沿，是和當時唐朝的社會風氣和國際地位有關的。因為唐朝的國力強盛，唐朝的首都長安（今天的西安）也就成了

世界各國人民一心嚮往的地方。

據「有關部門」統計,當時和唐朝有貿易往來的國家不下三百個,可以說唐朝的朋友遍布天下,而作為唐朝絕對中心的長安,也就成了可以和現在的巴黎媲美的「國際大都市」。什麼羅馬人、高麗人、阿拉伯人、日本人都往長安跑,那個時候能到長安留學可是很酷的事情。

而與外國人的頻繁往來,也給長安帶來了新鮮的元素和新鮮的念頭,那一時期的繪畫、雕刻、音樂、舞蹈等各方面都受到外國的影響,服裝方面當然也不例外。

那些遠道而來的使節或者商人給長安城帶來了有著濃鬱異域風情的服飾。再加上唐朝本身的社會風氣比較開放,皇上統治開明,能夠做到相容並蓄,因此當時的服裝界可以說是百花齊放,異彩紛呈,其服裝在設計上大膽創新、各具特色,形成了萬紫千紅的景象。

二、其實這是民族風

　　唐朝時期的服裝分為官服和平民服。這是一個必然產生的結果，你想，哪個朝代的官員會和老百姓穿同樣的衣服呢？如果穿同樣的衣服，肯定顯示不出當官的威嚴，你出個公差，走在大街上，老百姓一看：「這當官的和咱們也沒什麼區別，穿得還不如咱們呢，咱們幹麼要聽他的啊。」這就不太好了。

　　而且中國自秦朝以來就確立了中央集權制度，這種中央集權制度在隋唐時期得到了極大的鞏固和發展，形成了有記載以來最健全的官吏管理制度，由此一套完善的等級森嚴的官服制度也就應運而生了。

　　官服如果要細分，可以分為祭服、朝服、公服、常服。這四種衣服，即使不用詳細說明，大家也都能從字面上理解其中的差別。

　　祭祀是自古流傳下來的風俗習慣，唐朝自然也不例外，祭天、祭地、祭祖宗就是所謂的祭祀，而在這個神聖的時刻穿的衣服就叫祭服。

　　朝服呢，當然就是官員在遇到重大事件，上朝時候穿的服裝。我們在電視上也看過，官員在遇到大事上朝的時候

會穿得和平常不一樣，這時他們穿的就是朝服了。

◆《客使圖》位於章懷太子墓道中部東壁，高185公分，寬247公分。畫面中共有六位人物，前三位是唐朝鴻臚寺官員，均穿著初唐時期的朝服，頭戴籠冠，身穿闊袖紅袍，白裙曳地，腰繫綬帶，手持笏板，足蹬朝天履。後面三位，為首一人禿頂，濃眉深目，高鼻闊嘴，身穿翻領紫袍，腰間束帶，足穿黑靴，可能是來自東羅馬的使節。

中間一人面龐豐圓，鬚眉清晰，朱唇，頭戴尖狀小冠，冠前塗紅色，旁邊插鳥羽，身穿寬袖紅領白短袍，下穿大口褲、黃皮靴，推斷是來自朝鮮半島的新羅國使節。

最後一位頭戴翻耳皮帽，圓臉，身著圓領黃袍，腰間束黑帶，外披灰藍大氅，下穿黃色毛皮窄褲、黃皮靴，應該是中國東北的靺鞨人。

而普通工作的時候，比如出去巡查，走訪，上堂，查個案什麼的這時候穿的就是公服，沒有大事發生、平常上朝時基本上也穿這種公服，也就是說，公服就相當於我們現在的工作制服，具有明確的提示官員身分的作用。就好像醫生穿的白袍，員警穿的警服。要是沒有了這些顯著的標記，患者一上醫院，都找不到哪個是醫生；老百姓去派出所報案，都認不出誰是員警了。

　　再有就是普通的常服了。官員也是人，也不能一天到晚老是穿著官服到處跑。人家也得居家過日子，有個年休什麼的。這種時候，自然就要穿休閒一點的服裝了，免得到哪兒人家都知道你是當官的。當然，走到哪兒都愛誇耀，拿自己當爺兒們的官員不在我們所說的範圍內。

　　好了，四種服裝介紹完畢，下面我們就逐一來看，每種服裝到底是什麼樣子的。

　　還有，在講之前要先說一句，這四種都是指男子的服裝，女人穿什麼我們要留到後面再說。

三、衣服顏色的選擇很重要

服裝顏色

　　其實有的時候，朝服可以代替祭服在出席一些重要的場合時穿著，所以這兩種服裝有的時候也可以看成是一種服裝，二者之間並沒有太大的區別。

　　但我們之前也說過，在當時，等級制度是極其森嚴的，在服飾上最明顯的表現就是色彩上的不同。這點，從皇服和官服的區別上就可見一斑了。

　　宋朝有一個典故，叫「黃袍加身」，講的是宋太祖趙匡胤還沒當上皇帝時，在一個叫「陳橋」的地方被人把黃袍披在身上，請他做皇帝。

　　對這個典故，大家可能心裡都有個疑問，為什麼把黃袍披在他身上，就是讓他當皇帝呢？那是因為，在古代黃色的袍子只有皇帝才能穿，而其他人如果穿上就會被當作是想造反，是會被滅九族的大罪。

　　電視劇中，皇上就是看到貪玩的慈禧把皇袍穿在身上，才對她有所防範的。大家想想，對待自己的老婆尚且如此，這要是別人穿上黃色的衣服，那還了得？

　　當然，用黃袍代替龍袍並不是自古以來的傳統。在秦漢時期，皇帝穿的衣服大都是黑色，而把黃色作為皇帝的專

屬顏色，是從唐朝才開始的。「唐高祖武德年間令臣民不得僭服黃色」，一道聖旨之後，黃色的服裝一下子就成了獨一無二的皇權象徵，為皇室專用之服。自此這項制度為歷代沿襲。

雖然說是王室專用，但這些服裝也並不是統一的黃色。因為王室不光有皇上，還有太子，王爺，這些都算是皇室中人。這些人要是都穿同一種黃色，那皇上就不是至高無上的天子了，所以在黃色裡頭，也得弄出點不同來區分皇帝與其他皇室成員。

於是，皇服的黃色就有了下面的分類：皇上穿的叫赤黃，也就是偏紅一些，皇太子穿的是杏黃，而皇帝那些普通兒子穿的是金黃。看看，人家那時候想得多麼周到。幸好不需要在其他兒子當中再分出不同顏色來，不然恐怕和黃相近的那些顏色都不夠用了。除了這些人以外，如果別人膽敢穿著黃色的衣服到大街上晃一圈的話，這人不是瘋子就是不想活了。

皇上都這樣了，大臣們肯定也不例外地擁有各自的顏色。

據史書記載，唐朝時期的官員，三品以上一律用紫色；三品下，五品上為緋色，也就是類似於紅的顏色；六品、七品可以穿綠色；八品、九品為青色。這種按顏色來區別的官服叫作「品色服」。

別小看了「品色服」的顏色區分，別以為只是說玩的，它可是唐太宗親自下的詔，並且要求各州各縣遵照執行。這詔書一下，整個天下可熱鬧了，在各個城市街口和官隘處都有專門設立的卡哨，檢查來往的人有沒有不按規定穿衣服的。一時之間，大家都不知道該怎麼穿、穿什麼樣的

才能不犯錯誤，可以說人人都是戰戰兢兢，如履薄冰。

　　總之，唐朝的官員在衣服的顏色上講究頗多，要穿衣服，你得做好萬全的準備。你今天覺得穿紅色的好看，就弄套紅色的朝服，明天覺得黃色也不錯，就來個黃的。這種對色彩隨心所欲的追求，在當時可是要不得的，一不小心穿錯了顏色，可能就不僅僅是丟官那麼簡單了，以下犯上，那可是掉腦袋的大罪。

　　那時的社會對官員尚且如此，對老百姓就更加苛刻了。我們常常在電視上看到，很多古代的老百姓穿得花花綠綠，五顏六色，這本身就是一種常識錯誤。

　　歷史的真相是，如果你真的不小心穿越到那個時代，又不小心穿了不該穿的顏色，恐怕衣服被扒了沒收是小事，弄不好還得挨一頓結結實實的鞭打，最後甚至丟了小命。

　　所以，當時的老百姓知道衣服是不能隨便穿的，以致於大家只能在上面提及的顏色之外選一些自己還看得上眼的顏色來穿——據說，當時民間最流行的顏色是藍色和白色。你說這有什麼辦法呢，那些絢麗的顏色都讓權貴們挑完了，你們挑剩下的、不要的，我們穿穿總該沒問題了吧。

四、衣服樣式還是簡單點好

服裝樣式

　　除了顏色不同之外，唐朝時的朝服在樣式上並沒有太大的區別，而且還沿襲了古代的穿衣制度。這種朝服我們在電視劇中常常能看到，一般都是領口或者袖口有厚厚的貼邊兒，腰部用腰帶束緊，衣袖有的是直袖，有的是寬袖，頭戴「介幘」①或「籠冠」②，內著圍裳，下著玉佩和綬帶。

　　這裡說的圍裳，就像我們現在的「打底衫」一樣。當然，這樣的穿戴一般都是遇到重大的事情，比如上朝、祭祀時才會穿。平常的時候，那些官員也懶得把這一堆的東西往自己身上折騰，費事不說，這麼多繁雜的東西都往身上招呼，那得多麻煩啊。

　　所以，他們平時穿的官服、便服，和上面所說的朝服比起來，就顯得清爽多了。那時候的官服和便服基本都是清一色的圓領袍服。看到沒？圓領。大家有沒有一種恍然大悟的感覺？現在的衣服可大多是圓領的。

①一種長耳的裹髮巾，流行於漢魏，即後來的進賢冠。
②古代武官所戴的帽子。

雖然在唐朝之前就有很多朝代穿圓領服裝，但始終無法考證這種服裝確切的源頭，而且唐朝之前這種圓領服裝的穿著並沒有形成規模。到了唐代，這種圓領服裝才空前地流行開來，並對後世的服裝時尚產生了巨大的影響。

什麼叫前衛？這就叫前衛。彼時的穿著習慣演變成幾千年後的流行元素，放眼歷史，恐怕也就只有唐朝能做到這一點了。

另外，那個時候穿著圓領窄袖的袍服必須配著一種冠飾，叫襆頭，又叫袱頭。這種搭配就像當今那些嘻哈音樂的愛好者，在穿著嘻哈服飾的同時必須要戴一個帽子，並在腦袋上綁條圍巾是同樣的道理。在唐朝，那種穿法就是一種流行。什麼是襆頭呢？說白了就是「烏紗帽」，那個時候的官員都戴這種東西，所以後來才有人將官員被「炒魷魚」稱為「丟了烏紗帽」。

不過，我們要強調的是，這種所謂的流行穿法，只有在官員和上層社會當中才是主流。

當然，百姓中的文人也有喜歡這種打扮的，但由於其並不適合日常勞作，所以在廣大的勞動人民中並沒有流行起來。在老百姓當中流行一種兩邊開衩的袍子，叫「缺胯袍」，也叫「庶人袍」。這種袍子也是圓領的，與官服最大的區別就是它是開衩的。

因為官員和文人基本都不用幹活，所以都穿直筒的，而那些需要幹活的人，為了方便腿部的活動，在兩邊開個衩，當覺得不方便的時候，還可以把袍子撩起來，別在腰間。這樣想來，這種服裝細節上存在的差異就非常容易理解了。

所以，在當時從袍子開衩不開衩就可以看出誰是官員、

文人，誰是平民百姓了。

◆圖為裹襆頭、穿圓領袍衫的帝王及官吏（圖片出自閻立本的《步輦圖》）。

《步輦圖》畫的是貞觀十五年（西元641年），吐番丞相祿東贊前往京都長安，迎文成公主入藏時受到唐太宗接見的歷史故事。

五、女人就該對自己好一點

女裝

　　唐朝男子穿的衣服，不管從樣式還是材質上來看都是比較單一的。正如當今男人服裝也大都是那幾種樣式，而女裝樣式種類繁多一樣，自古以來穿著打扮的藝術大多是從女子那裡流行起來的，唐朝這種經濟繁榮的時代就更是如此了。與其他朝代相比，唐代的女裝更具有時尚意識，在追求大氣的同時，兼具了華麗與絢爛。

　　在唐朝的女子當中，最流行的一種服飾叫「襦裙服」。所謂的「襦裙服」並不是一個統一體，而要分開來看。襦是指上衣，裙不用解釋了，就是裙子。

　　唐朝時期的襦一般都是及腰長，很短，並且收腰後蓋在裙子的下面。在穿襦的時候，外面有的時候還會套「半臂」、「背心」，或者「褙子」①。

　　看到這裡，你可能會突然之間想到什麼，然後大呼一聲「啊」。沒錯，這種穿法就是在現代風靡一時的「韓式」穿法。

---

①一種由半臂或中單演變而成的上衣。相傳始於唐，盛行於宋、元，在明代被稱為披風。

相對於現代的簡潔而言，善於運用材質和刺繡的唐朝人願意把自己打扮得更加華美紛繁。特別是上層社會的女性，常會在「襦」或者「半臂」上加上「羅衫葉葉繡重重，金鳳銀鵝各一叢」的金銀彩繡裝飾，這樣服裝看起來更是精美絕倫，耀眼異常。所以，現代的那些所謂的「韓版外搭」在設計和工藝上，可能還真就無法和咱們老祖宗的「半臂」相比，可以說唐朝人隨便拿出一件衣服來，都能完全勝過現在的「韓式流行」。

除此之外，我們還能常常聽到一個詞叫「鳳冠霞帔」，這裡的霞帔，大致和我們今天所說的披肩差不多。有一些貴族女子還將其發展成所謂的「帔帛」，就是我們常常在電視上看到的某個王公家的小姐，肩上繞著長長的絲帶，走路的時候迎風搖擺，真是漂亮，彷彿仙女下凡一樣。

我們現代人常常喜歡給某種特定的衣服——比如晚禮服，配上一條披肩，這種做法在唐朝的時候就已經有了先例。看來，唐朝那些愛好流行的女人，給今天的時尚界帶來不少靈感。

而說到裙子，就更是品種繁多了。唐代時期的裙子樣式和如今的朝鮮族的高腰裙非常相像，用長長的帶子打上結，這樣可以讓身材顯得更加修長、窈窕。

這種剪裁方法和如今所謂的「韓版」服裝幾乎完全一致，但相比之下，唐朝時期的高腰裙更加華麗。由於當時社會開放，我們現在所謂的「薄、露、透」在當時就已經備受各位愛美女士的推崇了。當時的裙子大都以紗羅為主要原料，在某些部位呈半透明狀。而在唐朝之後，則再也沒出現過這種裝扮，不得不說唐朝不僅引領時尚，而且大膽前衛啊。

六、純天然，種類多

　　隨著科學的發展，時代越來越進步。特別是化學的發展，使得很多古代人想像不到的化工產物成了各類食品、服飾的原料。

　　表面上看，這真的是一個很大的進步，但漸漸地，潮流的風向又發生了轉變，今天人們開始追求返璞歸真，天然的東西比化學製品更受大家的追捧和歡迎。從這點看來，我們和古代人相比未必是進步的，相反的，古代人運用的材質可能比我們今天的還要優質很多——還是那句話，復古就是時尚。

　　在現代，棉是最常見並最受歡迎的服裝材質之一。你到商店買衣服的時候，很多售貨員都會告訴你說：「我們家的衣服都是純棉的。」聽到這種話可能你就很高興地把衣服買回去了。但事實上，這些服裝是不是真的如售貨員所說，是純棉的呢？

　　答案當然是否定的，現在的衣服所用的材質基本上都是聚酯纖維。什麼是聚酯纖維？這聽起來像是一個很學術的名詞，其實沒有這麼複雜，它就是一種化學合成的材質。從化學上來說，就是由有機二元酸和二元醇縮聚而成的聚

酯經紡絲所得的合成纖維。這種材質的特點是耐磨，易清
洗，看起來光鮮亮麗，但穿過的人都知道，實際上這種料
子的質地讓人很不舒服，因為它的透氣性不好，有的皮膚
敏感的人穿上後，會覺得皮膚刺癢。因此不得不說，衣服
採用化學材料，實在不是什麼好的選擇。

　　言歸正傳，之所以把當代衣服的材質問題拿出來小小
「批判」一下，為的就是讓其和唐朝的服飾材質有一個明
確的對比。

　　前文說過，唐朝是個十分開放的時代，穿衣服的品味並
不比現在差。唐代的衣服不僅樣式繁多，而且在材質的運
用上十分講究，不僅種類五花八門，還都是純天然的材質。

　　接下來，我們就要隆重地介紹這些在唐朝被廣泛應用的
材質了。

七、突發事件引出的流行

毛氈料

　　要說正經八百的東西之前，我們先來講一個小故事，故事的主人公叫裴度。

　　裴度這個人可不一般，熟悉歷史的人可能都知道，他是唐朝時期一位很著名的宰相，任期是安史之亂以後。當時正值朝政混亂、百廢待興的時期，裴度上任以後，就開始了一系列大刀闊斧的整頓，在很大程度上維護了唐朝的穩定。但正因為這樣，在那個朋黨勾結的時期，他也就成了一個特立獨行的人，引發了一些人的忌恨，差點被人刺殺身亡。

　　那一天，裴度正準備入朝去面見皇帝。走的時候他還很高興的，因為在前一天，剛好有個人送了一頂氈帽給他。當時，氈帽也正剛開始在唐朝的首都長安流行起來，能收到一頂時尚的氈帽作為禮物，即使對於貴為丞相的裴度來說也是很開心的事情。因此，第二天他就把帽子戴在了頭上，神氣十足地去見皇上。

　　裴度騎著馬剛出了驛坊東門，突然一個人就提刀斬了過來，裴度閃躲不及，被一刀正中頭部，應聲從馬上跌落下來。刺客以為已經得手，正想過來提裴度的人頭，未料裴

度只是受了些傷，性命卻沒有什麼大礙，而此時從旁保護
的官兵也殺過來，裴度總算是撿了一條命。

　　看到這裡，你可能已經想到了。沒錯，在前面我們提
過，裴度的頭上戴了一頂氈帽，那一刀不偏不倚劈在了氈
帽上，而氈帽的材質又十分厚實，以至於被刀狠狠砍到的
地方只是出現了一道不太深的痕跡，這簡直可說是不幸中
的萬幸，或者可以說是「氈帽造就的奇蹟」。

　　而這之後，氈帽救了裴度一命的消息不脛而走，在坊間
傳得是越來越離譜，此後，氈帽在長安乃至整個中原也比
以前更加流行了。

◆敦煌壁畫《宋國夫人出行圖》（局部），畫中描繪了頭戴
　氈帽的民間樂人和襦裙披帛的跳舞女子。

這個故事出自《太平廣記》，有興趣的朋友也可以找來看看。從這個故事我們可以看出，在當時的長安，這種用毛氈做的帽子是非常受歡迎的。

毛氈這種材料在當時除了被用來製作帽子，還被廣泛地應用於靴子等服飾。

毛氈最早產於波斯，在唐朝時透過絲綢之路由中亞傳入了中國，並在唐朝引起了一股時尚的「毛氈風」，成為唐朝時期製作服飾的主要材料。而最著名的，也就是裴度頭上戴的那種氈帽，它產於中國江南的揚州，因此這種氈帽也被稱為「揚州帽」。

在《全唐詩》中，李廓的《長安少年行》裡有這樣一句話：「劃戴揚州帽，重薰異國香」，反映了這種帽子在當時受歡迎的程度。

到了現在，氈帽已經不像在唐朝時那麼受歡迎了，但仍然有一些流行服飾會採用毛氈這種材料，毛氈的那種原始簡樸的質感，使得一些設計師對它情有獨鍾。而這項材質在中國的發展，也是從唐朝開始的。

八、不能讓毛氈獨領風騷

棉布、駝絨和貂皮

　　雖然毛氈在廟堂之外得到了廣泛的應用，但皇室成員在衣服的材料上必然是高人一等的。

　　還有那些有錢人和達官顯貴，他們在服裝上也都要比普通百姓優越許多，可選擇性也要多得多。

　　現代製作大衣最常用的一種材質——駝絨，在唐朝時期就已經引進使用了。只不過因為價格昂貴，在當時還只是西北部的一些州縣進貢給皇上，只有皇室成員擁有使用其製作衣服特權的高級材料。

　　在西元九世紀的時候，吐蕃進貢了一種在當時看來極為特殊的質料給唐朝，就是水獺的毛皮。在當時，它是一種比現在貂皮還要名貴的料子。

　　在本章的一開始，我們還提到了棉布，一種日常生活中最常見的服裝材質。如今大家都喜歡穿棉布的衣服，因為它不僅質地柔軟，而且有著良好的透氣性，穿起來十分舒服。其實早在唐朝的時候，就已經有了棉布。

　　當然，棉布的原產地並不是中國，而是從印度和巴勒斯坦經由絲綢之路從中亞傳到中國的。因此在當時，棉布的價格昂貴，並不像現在這樣隨處可見，而其材質也沒有辦

法和中國特有的絲綢相比，所以一直也無法流行起來。儘管如此，還是有一些唐朝的裁縫採用了這種質料。

可見，我們現在所用的時尚材料，其實早在唐朝時就已經開始小規模地流行，因此可以說唐人在穿衣上，為今天的流行、時尚提供了很多可供選擇的素材和靈感。

九、今日已經消失的材料

羽毛

在服裝材質的選擇上，唐人還有一點跟現代人很相似。今天，一些知名服裝品牌常常會召開時裝發表會，發表會上的服裝基本就是本年度的潮流風向標，想緊跟時尚步伐的女孩子們都會爭先恐後地購買那些價格不菲的衣飾。這種「趕時髦」的行為其實在歷朝歷代都有，唐朝也不例外。

唐朝可沒有時裝發表會，不過，那些愛漂亮的女孩子仍然想盡各種辦法打探時尚的動向，緊跟潮流。比如有一次，安樂公主就成了她們跟風的對象。

安樂公主是唐中宗李顯的女兒，不知為什麼，李顯對這個女兒的疼愛遠遠超過她的兄弟姐妹，可以說是「含在嘴裡怕化了，捧在手裡怕摔了」。這位公主得到的待遇，自是非同一般了。

因此，這位公主就恃寵而驕，過著窮奢極欲的生活，吃的、穿的、用的都得是最好的才行。她的衣服已經是幾個衣櫃都裝不下，但卻還是不停地要人做新衣服給自己。而她的眼光又十分獨到，所以她穿的衣服，常常會在官宦女子之間甚至坊間受到追捧，引領當時的時尚潮流。

其實對比現代的情況，也大致能理解這一點。比如網路

上賣的衣服總會在後面標注出來,「和×××穿的是同款」。這個×××在今天可能是大明星,也可能是哪個名媛,而在唐朝的話,就會看到「此衣服美到爆炸,與安樂公主同款」之類的描述。

羽毛成為服飾材料與安樂公主有關係。有一天,安樂公主正在園子裡賞鳥,聽著鳥兒的鳴叫,看著鳥兒在樹枝頭靜靜地打理著自己的羽毛,那羽毛在陽光之下閃閃發光,看起來五彩斑斕,華美異常。

安樂公主突發奇想,如果能用鳥兒的羽毛給自己做一件衣裳,一定會使自己更加美麗動人。

安樂公主一向是個想到什麼就要馬上付諸行動的人,這個念頭剛一出現,她就下令把做衣服的匠人叫來,把自己的想法說給匠人聽。幾個匠人聽完面面相覷,要做一件這樣的衣服,那得用多少羽毛啊,看來有一大群鳥註定要為安樂公主的突發奇想丟掉自己的小命了。

但不管怎麼說,公主的話誰敢不聽啊,既然她說要做,就算把全城的鳥都逮光了也得湊夠需要的羽毛。於是城外的樹林就熱鬧了,每天都有成群的下人在那裡手忙腳亂地捕鳥。

這件羽衣整整用了一百隻鳥的羽毛,眾多匠人使用及其繁瑣的工藝,將羽毛一點一點撚成線,才把衣服做了出來。

安樂公主拿到衣服的那一刻簡直笑開懷了。這件衣服的確閃耀奪目,從不同的角度看,就能呈現出不同的顏色。從前面看是一種顏色,從後面看可能就是另外一種顏色,拿到光下看是一種顏色,在光線不足的地方看,又會呈現出另一種顏色。安樂公主穿著它,十分滿足,經常在別人

面前炫耀自己的衣服。

一下子，這種羽毛衣在上層社會引發了極大的轟動。首先這衣服的材質與眾不同，穿上它能突顯自己獨特的風格；其次，安樂公主為這件衣服做了一個很好的代言，大家都想穿和公主同款的衣服以顯示自己的品味。這股旋風從上流社會一直刮到了民間，就連普通人都希望能擁有一件安樂公主穿的衣服。

這下，各地的樹林裡更加熱鬧了，有為了做衣服自己去抓鳥的人，也有抓了鳥再高價賣給衣服製造商的「黃牛」們。越來越多的鳥慘遭毒手，在長江流域和東南地區，甚至有很多鳥因為長了一身的漂亮羽毛而被抓得幾乎滅絕。

◆陝西唐代契夫人墓出土的壁畫裡，這位婀娜多姿的女子穿著的便是典型的唐朝上襦下裙裝，這樣的服飾富有美感，從線條到顏色都極富視覺衝擊力，或動或靜都充滿著女性的魅力。

而其所著的裙子，還有一個專屬的名字——石榴裙，唐代女性穿得最多的就是這種裙子。

這種情況引起了絕大部分老百姓的不滿，鳥都死了，平時想在林子裡賞鳥也不行了，也沒有鳥捉蟲了，這哪行啊。

於是一幫人聯名向官府反映。但有什麼用呢，難道能不讓公主穿羽衣嗎？這哪裡是地方官能辦到的事，就算是當朝丞相也未必有這個能耐啊！

不過幸運的是，沒過多久安樂公主就在一次宮廷政變中被殺死了。後來新登基的皇帝——唐玄宗李隆基，下令將安樂公主的羽衣在宮中焚毀，這段為了追求時尚和美麗而使鳥幾乎滅絕的荒唐歷史，才算告一段落。

十、綾羅好穿布難織

絲綢

　　當然，就算安樂公主沒這麼早死去，像羽毛這麼獨特的材料也不可能在百姓的日常生活中普及，只能在上流社會小範圍流行。

　　在民間，主要的材料還是毛氈，除此之外，常用的衣服材料還有三種：用羊毛等動物毛製成的毛料，由植物纖維製成的亞麻布，以及蠶絲製成的絲綢。

　　這樣看起來，當時製作衣服的材料和我們現在基本上沒太大差別，但與現在這些摻雜了太多「高科技」成分的化工材料相比，唐朝時期的材料勝在天然，都是百分之百的綠色產品。

　　而在上述三種材料中，最常用的還要屬絲綢了。雖然在現代，各個地區也會舉辦一些絲綢展，但與唐朝的使用比例相比起來，現代絲綢的使用比例還要小得多。唐朝時期的絲綢還劃分為很多種，如綾、羅、錦、紗等。

　　說到綾、羅、錦、紗，大家可能會想到「綾羅綢緞」這個詞語。「綾羅綢緞」在古代用來泛指各種精美絕倫的絲織品。雖然同屬於絲織品，但由於其製作工藝各不相同，因此最終的成品也不同，在價格上也有著明顯的差別。

絲綢類製品在古代可以說是價格最昂貴的，每個女人都以能穿上名貴的絲織品為驕傲，因為越是上好的絲織品就越是象徵著顯貴的地位。

為什麼絲織品的價格會這麼高，以致成為那個時代的「LV」呢？這與其複雜的製作工藝有很大的關係。絲綢的製作過程，可以說浸滿勞動人民的血淚和汗水。

絲綢的原材料是蠶絲。而要得到蠶絲，首先需要養蠶。宋朝的文學家張俞有一首著名的詩《蠶婦》：「昨日入城市，歸來淚滿巾。遍身羅綺者，不是養蠶人。」

這首詩是什麼意思呢？從字面上就可以理解了，講的是一個靠養蠶為生的婦女，自己的蠶絲收穫了，於是很高興地拿著去集市上售賣。東西很快就賣光了，按理說她應該高興才對，可是在回家的路上，她忍不住地掉眼淚，用來拭淚的手帕都被浸濕了。

因為她發現，在大城市裡轉了一了圈，那些穿著綾羅綢緞的人都不是勞動者，而她這個提供衣料的人，卻要每天不辭辛苦地工作，能換來的不過是一些可以養家糊口的小錢和粗布的衣服，這怎麼能不叫人傷感呢？

養蠶確實是一個很辛苦的工作，因為蠶是很嬌貴的，必須小心照料。古代養蠶基本都由婦女來負責，她們要每天給蠶採摘新鮮的桑樹葉，這就需要她們每天登梯子、爬樹，

採回來之後還要去餵蠶，這種工作不能間斷。而且餵蠶的同時還要給蠶清理排泄物。

養蠶的蠶室必須要保持溫暖，這樣能加快幼蠶成熟。在蠶室裡有一個小坑，裡面要用牛糞生火，這樣才能在保持溫度的同時，不會產生大量的濃煙。就這樣忙碌地熬過三十三天後，蠶就會開始分泌蠶絲，把自己包裹成繭。這之後，就開始了蠶的血淚史。

為了讓人能穿上華麗的衣服，蠶必須付出生命的代價，悲慘地死去。想要獲得品質最好的蠶絲，就不能等到蠶死的時候再剝絲，必須在蠶活著的時候就開始抽絲。在抽絲的過程中，如果參與的人手不夠，就得馬上把蠶殺死，而殺死蠶的方法在我們旁人看來是十分殘忍的。

第一種方法是把已經開始結繭的蠶拿到陽光下面曝曬，時間一久，蠶就會脫水而死。第二種方法則是用鹽撒到蠶的身上，也能夠達到迅速脫水的目的。最後一種方法是把蠶拿到蒸籠上去蒸，據說這是最好的方法，能夠取到優質的蠶絲。

當然，不是所有的蠶都要被殺死，有一些品質優秀的蠶會作為蠶種保留下來，牠們可以活到破繭產卵，為下一次的養蠶做準備。

獲取蠶絲的複雜過程，充滿了蠶寶寶的血淚和養蠶人的汗水，再加上最後要把這些辛苦得來的蠶絲紡成線，織成布，所以絲綢價格昂貴也是必然的。

在紡織絲綢的過程中，按照紡織特點，採用不同的製作方法所製成的產品就是綾、羅、綢、緞了。在唐朝時期，又以綾、羅最為著名。

◆圖為唐代畫家張萱的作品《搗練圖》（摹本），圖中所描繪的婦女們正在加工白練。

綾，就是以斜紋組織為基本特徵的絲織品，可分為素綾和紋綾。素綾是單一的斜紋或變化斜紋織物，紋綾則是斜紋地上的單層暗花織物。綾盛行於於唐代，其中以繚綾最為著名。

羅，其中的一個分支叫紗，是採用紗羅組織的絲織物。羅在商代已經出現，而在唐代，浙江的越羅和四川的單絲羅均十分著名。其中單絲羅表面具有均勻分布的孔眼，它也就是後來的紗。

綢字原寫作紬，指抽繭緒加撚成線織出的平紋織物。綢最早出現於西漢，到了兩晉南北朝時期開始有粗、細之分。清代的綢有江綢、寧綢、春綢、繭綢等。

民國時期，大量的平紋素織物也稱為綢。今天，綢成為絲織品的通稱。

緞是經緯絲中只有一種顯現於織物表面，並形成光亮平滑外觀的絲織品。唐朝時期，緞已經成為絲織物的一大類，到了兩宋遼金時期，緞的種類增加得很快，而明清時期這種織物已經十分流行了。

在唐朝時，很多過去沒有使用過的布料都開始使用，之前已經存在的布料，其製作技術也在唐朝得到了很大的發展。

唐朝時期布料工藝的發展為後世提供了良好的基礎。到今天，我們依然沿用唐朝的一些技術，並且在此基礎上研製出了更多的化學材料，比如當今十分流行的雪紡紗，和唐朝時期的紗相比，更加柔軟舒適，但和真正天然的材料相比，還是少了一些質樸和韻味。

十一、私藏布料要不得

　　儘管唐朝的紡織品種類已經不少了，盛行於民間的種類也很多，但當時的社會等級劃分得很嚴格，有些昂貴的布料不是隨便什麼人都能用的。

　　比如在武則天統治時期，朝廷就有規定，一般人家裡不可以私藏絲綢，不管你是多大的官，家裡有多少錢，皇帝說了不准私藏就是不准私藏。

　　有人還真就不信這個邪，心裡想，我就藏點布料，逮著還能怎麼樣啊，大不了把布料充公就沒事了。人不能抱有僥倖心理，在那個時候有一個叫侯思止的人，他以前很窮，靠賣餅維持生計，吃了上頓沒下頓。有一次終於讓他逮到一個飛黃騰達的機會，他舉報了唐高祖李淵的兒子李元名意圖謀反，進而得到了武則天的重用，並一步步得到高升，最後官拜御史。在他當御史的這段時間，很多人都遭到了他的迫害，因為他動不動就會網羅點罪名，加在他看不順眼的人身上，製造了很多冤假錯案。

　　就這麼一個在武則天面前大紅大紫的人，只因為壯著膽子違抗武則天的命令，在家裡私藏了不少絲綢，結果被抓了起來。那些吃過他苦頭的官員在負責查辦這案子的時候，

借著這個機會，就把他給杖殺了。

　　總之，在唐朝做衣服的時候可選擇的布料十分豐富，樣式和其他朝代相比也增加了很多，現在的很多材質都是在那個時代的基礎上研發出來的。因此可以說，唐朝的服裝質料也是很前衛時髦的，到了千年後的今天，人們仍然可以在品種繁多、款式翻新的時裝中找到它們的影子。

2.

咱

們得對得起這張臉

一、像門面一樣重要

化妝

　　不管在什麼年代，對於女人來說，化妝就好像門面一樣重要。女人天生愛美，而從某方面來說，臉好不好看更是衡量一個人美醜的關鍵，所以女人在臉上下的功夫向來都很大。甚至有很多女孩子如果不化妝就沒辦法出門，因為怕別人談論自己的長相，或者化妝已經形成一種習慣了。

　　在唐朝時，化妝更是一件大事。既然唐人的服裝都如此大膽時尚，能一直影響到現代，那麼化妝的水準也一定不低吧？

　　我們一直在說，唐朝女子對於時尚的觸覺比我們現在還要敏銳，那時流行的東西更新換代速度很快，稍不小心可能就會變成「自以為很時尚，實際上很鄉土」。

　　白居易在《上陽白髮人》裡寫道：「小頭鞋履窄衣裳，青黛點眉眉細長。外人不見見應笑，天寶末年時世妝。」這首詩要跟我們說一個什麼樣的故事呢？說的是宮女們，在皇宮裡度過了四十多年光陰，這四十多年裡，她們就在宮裡待著，也不和外界接觸，所以一直保持著進宮時最時髦的打扮，這身打扮在當時絕對是最時尚的，但時間過了四十多年後，當初流行的東西卻已然成為過時的「老土」

款，而這些女人卻一點都不知情，仍然以為自己是處於時尚的最前端呢。

這個故事告訴我們，在中國的唐朝已經有了非常明確的時尚概念和「時世妝」的說法，而且唐代女子對時尚狂熱追求的勁頭，可一點都不輸我們現代的女孩子。

上面說到了一個概念：「時世妝」，那什麼叫作「時世妝」呢？這個詞最早也是出自白居易的筆下。

在《全唐詩》中收錄有白居易的一首詩，詩的名字就叫《時世妝》，裡面寫道：

時世妝，時世妝，出自城中傳四方。

時世流行無遠近，腮不施朱面無粉。

烏膏注唇唇似泥，雙眉畫作八字低。

妍媸黑白失本態，妝成盡似含悲啼。

圓鬟無鬢①堆髻樣，斜紅不暈赭面狀。

昔聞被髮伊川中，辛有見之知有戎。

元和妝梳君記取，髻堆面赭非華風。

從這首詩中我們不難發現，所謂的「時世妝」其實就是指最流行的妝容，所以說，哪怕是用現代的眼光去看唐人，他們也依然是時尚、趕新潮的。

那麼，接下來我們就詳細說說，唐朝那些時髦程度不亞於現代的「時世妝」有哪些種類，及各是什麼樣子。

---

①無鬢：一作垂鬢。

二、色彩斑斕暈天空

　　首先，我們要介紹的這個妝容是極其有個性的，而且還有一個很好聽的名字──「曉霞妝」，聽起來是不是十分的浪漫呢？一下子就讓人聯想到天剛濛濛亮時的朝霞，那種被紅橙色暈染的天空，呈現出絢麗的斑斕色彩。

　　但事實上，這個妝容只是名字很華麗而已，真正看起來也並沒有朝霞的美感，如果你知道它的另一個名字──「斜紅妝」，就能猜個八九不離十了。其實，這個妝容不過是用胭脂在臉上斜畫一道而已。

　　在唐代張泌的《妝樓記》裡，有一段話是描述這種「曉霞妝」的：

　　夜來初入魏宮，一夕，文帝在燈下詠，以水晶七尺屏風障之。夜來至，不覺面觸屏上，傷處如曉霞將散，自是宮人俱用胭脂仿畫，名曉霞妝。

　　這裡面的「夜來」並不是說夜已經深了，而是一個人的名字，原名叫薛靈芸，是魏文帝曹丕的妃子。據說她不僅相貌絕美，而且縫紉技術巧奪天工，簡直是「此技只應天上有，人間哪得幾回見」，因此被人封為「針神」。

　　魏文帝很喜歡這位妃子，自己穿的衣服皆出自「針神」

之手，可見對她的愛之深。

這位薛美女剛入宮的時候，因為不熟悉路，不小心把臉撞到了屏風上，出現了一道瘀血。魏文帝一看，好傢伙，這下子更漂亮了，美人臉上的血痕就好像清晨的太陽將要升起時一樣美艷，也就是「傷處如曉霞將散」。

看看，說得多麼好聽，簡直就是一派胡言，在臉上添了一道傷口，能好看到哪裡去？但是魏文帝就是喜歡。要不怎麼說每個人的審美眼光都不一樣呢，而且筆者深深覺得，這完全就是魏文帝一種愛屋及烏的表現。

一個男人如果喜歡一個女人，那麼這女人就算是披個麻布袋，在他的眼裡也能看出萬種風情；如果不喜歡的話，呼吸是錯，哭笑是錯，就連活著都是錯。

不管怎麼說，皇帝覺得這樣漂亮啊，那些宮女為了討皇帝喜歡，也都來模仿薛靈芸。但總不能真的把臉弄傷吧，所以宮女們就仿照那傷口的形狀，用胭脂在臉上斜畫一道。這就是「曉霞妝」的由來。

◆圖為曉霞妝，也稱為「斜紅妝」，是中國古代女子位於眉尾至兩鬢間的一種面妝。斜紅確切的起源已不可考，但能確定的是在南朝梁時就已經有這種面妝。成書於南朝梁的《玉台新詠》中的「艷歌篇十八韻」有「分妝間淺靨，繞臉傳斜紅」之句，說明當時已經有斜紅這種妝飾。斜紅妝在唐宋兩朝相當盛行。

這種「曉霞妝」起於三國時期，卻在唐朝得到了極大的推廣。唐朝那些時髦的女人在追求美上已經無所不用其極，不知道怎麼就心血來潮想起這個「曉霞妝」來了，於是這個妝容在初唐時期還真的是紅極一時。

　　只不過唐朝的美女們好像更「專業」一些，她們在魏晉時期「曉霞妝」的基礎上加以改良，描繪出的斜紅也變成了乙太陽穴為基準，工整得就像弦月一樣，而繁雜一些的就像新生的傷痕。

　　有一些人為了造成一種視覺上的殘破美，還特別在斜道的下面，用胭脂暈染成血一樣的感覺。因此「曉霞妝」的另一個名字「斜紅妝」就誕生了。

　　其實，這種「曉霞妝」拿到今天來看，就和我們現在的「傷痕妝」如出一轍，只不過現代的傷痕妝大都應用在影視劇等方面，還有一些cosplay的愛好者也會使用這種妝容。但單從先進程度上來看，早在唐朝時的人們就能發展出這樣的化妝術，不得不說令人驚歎，他們就連這方面都走在了世界的前頭。

　　只不過，如果這種妝容在今天成為主流妝的話，在大街上一定很影響路人的情緒，因為人們無法判斷這個女人是因為事故受傷，還是自己心甘情願把臉變成這副模樣。

三、怎麼修飾我們的大臉呢？

落梅妝

　　我們要介紹的第二種妝容叫「落梅妝」。這種妝容的流行還帶著點神話色彩。

　　「落梅妝」最開始也不是在唐朝出現的，而是在南北朝時期。那個時候在南朝有個叫「宋」的國家，這個「宋」並不是後來的那個宋朝，而是南朝四國中的一個。宋國皇帝宋武帝有個女兒，叫壽陽公主。這位公主長得什麼樣呢？用現在的話來說，就是沒見過這麼漂亮的了。

　　這位壽陽公主十分喜歡梅花，常常到園子裡去賞梅。有一天，走著走著就覺得累了，於是躺在殿前稍作休息。就在這個時候，一朵梅花正好掉在了她的前額上，而令人感到驚奇的是，她的前額上因此留下了五瓣梅花形的淡紅印痕。

　　壽陽公主也是個愛美的女孩子，她一照鏡子發現額頭上的印跡讓她別有一番風情，於是以後在化妝的時候，就特意仿照落梅，在額頭上加一個梅花形的印記。由此，「落梅妝」便誕生了。

在哪朝哪代都有跟風的人，有人一看連公主都這麼化妝，就跟著學了起來。「落梅妝」在民間還大盛過一段時間，但後來壽陽公主不知道為什麼開始修身養性，穿著也愈加樸素，這種妝容便也就沒有那麼流行了。

　　而到了唐朝年間，我們都知道，這時候「以胖為美」，所以唐朝的女子很多都是胖胖的。一個人胖起來臉自然也就大了，為了掩飾自己的大臉，唐朝的女孩子就想著在臉上擺弄一些東西，以使自己的臉顯得瘦小一些，因此，「落梅妝」得以再次流行起來。

◆圖中所示女子所化為落梅妝，此圖為新疆吐魯番出土的絹畫局部。

　　南北朝時的「落梅妝」一般都是以金箔剪成梅花的模樣貼在額頭，因為真正的梅花瓣並不是一年四季都有。而唐朝的美女們又進行了改良，材料已經不只局限於金箔，還有用紙片、玉片、乾花片的，更有甚者用魚鱗片，還有用蜻蜓翅膀的，真是「唐朝盛世多奇葩」。

　　而形狀也從最開始的梅花等花形，發展到動物形，什麼小鳥、小魚、小蝴蝶，只要是漂亮的小東西都能拿來做額

妝的造型。

　　唐朝的女孩子由於臉盤兒比較大，因此額妝的貼片也比其他朝代的那些要大得多。因此這種妝容自此也叫「花鈿妝」，意思就是在臉上貼片。

　　後來，由於宋朝崇尚簡約，這種誇張的面飾也就漸漸地衰落了，但卻經由種種途徑流傳到了外國，直到今天，在印度等一些國家，仍然有婦女喜歡在額頭上貼片，化這種「花鈿妝」。熱門電影《少年Pi的奇幻漂流》中，Pi的母親額頭上就化了這種「花鈿妝」。

　　而經過改良後，在米蘭時裝周中，設計師還特意將金箔花鈿元素添加到妝容裡，大塊亮片代替了眼影與眉妝的打造，合二為一的創意帶來眼前一亮的妝容效果。

　　看到了嗎？連那些大牌的時尚設計師都借用這種「花鈿妝」的效果，我們只要一想到在世界範圍內廣泛流行並在時尚界獲得重視的妝容，在唐朝時期就已經大為流行，是不是有一種很自豪的感覺呢？

四、漸變色一直很流行

接下來要出場的三種妝容分別是「酒暈妝」、「桃花妝」和「飛霞妝」。

為什麼要把這三種放在一起說呢？因為它們的化妝步驟和所用的材料都是大同小異的，只不過在濃艷程度上有一點區別，而正是這一點點的區別，造就了這三種同宗卻不同式的妝容。

所謂「酒暈妝」，就像字面上的意思一樣，化這種妝的女人，看起來就像是喝醉了一樣，臉上有著深深的紅暈。

常去酒吧的人都知道，在昏暗的燈光下，一些喝得微醉的女子，臉頰微微泛紅，卻又不是嚴重醉酒，看起來讓人心疼，惹人憐愛。

而唐朝時的這個「酒暈妝」就是要營造這種效果，使這些美女即使沒有喝酒，也能透過化妝來達到酒醉後的嫵媚效果。

這種妝容很受當時女人們的歡迎。這種妝容的化妝步驟和現代的化妝步驟幾乎是一樣的，都是先在臉上塗粉——那個時候叫作鵝蛋粉，現在則叫作粉底或者粉底液，也有用BB霜的——然後再於臉上塗上濃重的腮紅。幾個簡單的

步驟，一個招人愛憐的妝容就完成了。

在這個基礎上，腮紅施加的多少，決定了妝容名字的變化。深的這種就是「酒暈妝」，淺的就叫「桃花妝」，而「飛霞妝」則正好處於兩者之間。

「飛霞妝」據說後來傳到了日本，日本藝伎的兩腮大都是化這種妝的。可見唐朝化妝術的流傳之廣，影響力之大。反過來看我們今天，日本和韓國的化妝術反倒成了潮流典範，中國人過了千年以後，竟然開始借鑑當初向自己學習的國家，這點與繁盛的大唐相比，還是讓人有些羞愧的。

◆此圖為《弈棋仕女圖》局部，圖中的貴婦的面妝名為「酒暈妝」。唐代是一個在面妝上講求富貴華麗的朝代，因此，濃艷的「紅妝」成了面妝的主流，許多貴婦甚至將整個面頰，包括上眼瞼乃至半個耳朵都敷上胭脂。

自古以來，有很多形容女子漂亮的詞，崔護的詩中寫到「人面桃花相映紅」，這種粉嫩嫩的臉龐也被稱為桃花面。而上述三種妝容流傳到當代，當數「桃花妝」在女孩子們之間最為流行。

因為它的腮紅打得並不讓人覺得誇張，而且一般都是在撲粉、打上腮紅之後，再撲上一層薄薄的粉，這樣塗出的腮紅，能夠很好地打造出「白裡透紅」的獨特效果。再加上傳說，化這種妝還能夠走桃花運，因此更是吸引了眾多渴望愛情的小女生，吹起了一股流行風。

想漂亮？想吸引「白馬王子」？不管出於什麼心理，學會這種化妝術是女孩子的不二之選——把自己打扮得面若桃花，就算照照鏡子心情也好啊。

五、奇葩是不分朝代的

三白妝和淚妝

接下來，一種叫作「三白妝」的妝容，就要隆重登場了，這算是一種特殊的化妝方法。三白，就是在三個地方塗上白白的香粉。這三個地方就是額頭、鼻子和下巴，看到這裡有人可能想起了什麼——額頭、鼻子，不就是我們現在常說的「T字部位」嗎？

「三白妝」的作用就是增強臉部的立體感，類似於今天的「亮色」「提亮」，但因為它的特點很鮮明，能夠打造出整個臉的立體效果，在當時還屬於一種特殊的妝容。可是到了今天，這種妝容已經成為少女們美化臉部造型時普遍使用的方法了。

在唐朝時，還有一種更加獨特的妝容，叫作「淚妝」，也叫「哭妝」。

這個妝容是誰發明的呢？就是那位大名鼎鼎，敢於素面朝天的楊貴妃的姐姐——虢國夫人。傳說這個虢國夫人長得十分漂亮，漂亮到什麼程度呢？就是在上朝見天子的時候，也敢不施粉黛就前往，而唐明皇卻仍然覺得這個女子美艷非常。

◆圖為《虢國夫人遊春圖》，此為宋摹本，原作已失，摹本猶存盛唐風貌。此圖原作曾藏宣和內府，由畫院高手摹裝。在兩宋時為史彌遠、賈似道收藏，後經台州榷場流入金內府，金章宗完顏璟在卷前隔水題簽，指為宋徽宗趙佶所摹。

　　《集靈台・其二》曾這樣描寫虢國夫人國色天香的容貌：「虢國夫人承主恩，平明騎馬入宮門，卻嫌脂粉汙顏色，淡掃蛾眉朝至尊。」足以見得這個女人長得有多麼漂亮。但她也並不是真的臉上什麼都不抹就去見皇上，只是沒化那麼濃的妝而已，只有在臉頰的兩側淡淡地撲了些素粉，也大致類似於今天區別於彩妝的淡妝。

　　在五代王仁裕的《開元天寶遺事・淚妝》中提到「宮中嬪妃輩施素粉於兩頰，相號為淚妝」。這也就是淚妝的由來，而在虢國夫人之後，眾宮女覺得這樣是很漂亮的，因此都開始紛紛效仿，「淚妝」在宮裡流行一時。

　　但我們知道，古代人是十分迷信的，這種「淚妝」由於化完之後，給人一種哭喪著臉的感覺，因此並不受一般人的歡迎。更何況，這種淡妝實在只適用於天生麗質的女孩子。要說這個人長得漂亮，就算什麼都不往臉上撲，也是

個美人坯子。而從娘胎裡出來就不那麼出眾的女子，一般都得靠化妝來掩蓋自己臉上不太盡如人意的地方。這正如西施皺眉漂亮，但東施效顰可就不那麼美好了。因此，虢國夫人可以素面朝天，但這不代表每個宮中的女人都可以這麼做，她們化上這種妝之後，一個個果真就跟哭喪似的，被很多人認為是凶兆。

無巧不成書，在這個妝容流行不久之後，就爆發了歷史上著名的「安史之亂」，也不知道是不是真的應了眾人的說辭。

如今，也有一些女子化一種「淚妝」，但是這種「淚妝」和唐朝時的淚妝並不完全一樣，現代的淚妝並不是靠淡妝來營造效果，而是透過眼影和眼線筆來打造出那種看上去楚楚可憐的模樣，也有的人在眼角的下方貼上水晶亮片，形成一種淚滴的效果。

但從名字相同這一點來看，這個創意的效果其實與唐朝差不多，都給人一種有些哀傷的感覺。

六、沒有最怪只有更怪

最後，還有兩種不得不提的妝容。首先要講的就是在本章的最開始我們提到的「時世妝」，雖然「時世妝」這個詞被筆者用來代表了化妝術的流行，但其實它也是化妝術中的一個品種。

眾所周知，李唐王朝原本並不算是中原的血統，而是由北方遊牧部落中的關隴軍事集團起家的。所以即使在入主中原之後，也保持了一部分胡人的習慣，比如唐朝女子好穿胡服等。

而在化妝上，自然也留有這種異族的風情，「時世妝」就是其中的代表。

「時世妝」具體是什麼樣子呢？白居易的《時世妝》裡還有這麼幾句：「腮不施朱面無粉」，「烏膏注唇唇似泥，雙眉畫作八字低」。「斜紅不暈赭面狀」，不用太多解釋，單看句子想必大家就能明白其中的意思：化妝的時候，不撲粉，也不用腮紅，而是塗成赭紅色。

赭紅色就類似於今天紅磚的那種顏色，大家想像一下，把臉塗成那樣還好看得了嗎？不僅如此，還在嘴唇上塗黑色的唇膏，再把眉毛畫成八字眉。

　　這麼奇特的化妝方法弄出來的分明就是一個「囧」字！不說不知道，一說真讓人嚇一跳啊，怪不得連大詩人白居易都看不下去了，還特意寫了一首詩來諷刺這種不知美醜的現象。只是對於一味追求時尚的女子來說，這種當頭棒喝恐怕也沒什麼效果。

　　但是這種妝容並沒有流行到今天——雖然唐朝的很多流行元素都得到了繼承和發揚，但現代女孩子的審美還是正常的，儘管也有一些女子喜歡塗黑色的口紅來突顯自己的與眾不同，但並沒有其他和「時世妝」類似的元素，如八字眉什麼的，因此在心理和視覺上也並不是太讓人難以接受。

　　除了「時世妝」外，還有一種叫作「血暈妝」的化妝方法。說到這個「血暈妝」，筆者也有一種想要暈倒的衝動。介紹了這麼多神奇的妝容，大家大概也瞭解到，唐朝美女們的化妝術比現在還要大膽，又是在臉上弄出傷痕，又是把自己弄得像喝醉了一樣，還有哭喪臉妝啊什麼的，最讓人不能忍受的「時世妝」雖然畫的是八字眉，但好歹還算有個眉毛。而這個「血暈妝」的化妝基礎，根本是完全沒有眉毛的！

　　你沒看錯，就是沒有眉毛，即使有眉毛也要刮掉，讓自己變成「蒙娜麗莎」！這也太刺激了吧。大家想像一下，一個女人，沒有眉毛，然後在眼睛周圍用腮紅打散成紅暈，呈現出血一樣的效果，是不是很恐怖？

　　如今，我們也有一種叫作「煙燻妝」的化妝方法，其濃烈程度比較類似「血暈妝」，雖然一度也不被一些人所接受，但相比唐朝那個連眉毛都沒有的大膽造型，已經好太多了。

現在很多的穿越小說都喜歡把背景定在唐朝，因為唐時較開放，似乎很適合現代人生存。但是看過唐朝的這些簡直奇葩到極點的化妝術，各位還會想穿越過去嗎？說句實話，就算我們現代的女孩子真的穿越過去了，在時尚和大膽方面說不定還真就不如當時的唐人，想和那些厲害的唐朝女子在皇帝面前爭寵，恐怕並不是那麼簡單的。

　　而如果你是個男人，不小心穿越回唐朝了，看到大街上盡是奇特裝扮的女子，不知道那被現代社會薰陶出來的享受和平的心臟，能不能承受得住那種衝擊。

　　如此看來，我們還真應該佩服唐朝男子的包容程度，不管是皇帝、官員，還是文人墨客，看到滿臉是血污和傷痕、沒有眉毛又塗著黑唇的女子，不但不害怕，反倒愛得死去活來，不得不說他們那堅強的心臟和大膽前衛的審美觀真的是別具一格啊。

3.

我

是不是世界上最美麗的人？

一、化妝周邊用品

鏡子

「魔鏡啊,魔鏡,誰是世界上最美麗的女人?」大家都知道這句很有名的台詞,來自《格林童話》中白雪公主的故事。雖然這是一個西方的童話故事,但大致也看得出來,在追求美這件事上,不管是東方還是西方,不管是古代還是現代,美人們都有一種鍥而不捨的精神。而在這個追求美的過程中,最不可或缺的東西就是鏡子。

這是理所當然的吧!如果沒有鏡子,我們怎麼知道自己的妝容是不是漂亮?怎麼知道穿的衣服是不是得體呢?所以說,鏡子,不管在哪個朝代,不管在哪個國家,都在人們的生活中占據了重要的地位。

◆圖為唐瑞獸葡萄鏡,出現於初唐,流行於盛唐,即從唐高宗到唐德宗時期。這個時期的銅鏡大量採用瑞獸、鳳凰、鴛鴦、花鳥、鸞鳳、葡萄等紋飾。

在宋元之前,中國的美女們使用的鏡子一般都是圓形的銅質鏡子,並不像現在一樣,是玻璃製品。除了圓形以外,

還有類似橢圓形、菱形和葵花形的鏡子，總之說來說去，大致上還都是和圓形比較接近的形狀。

在那個時候，製作鏡子的工匠還是很吃香的。畢竟那個時期的鏡子不僅需要前期製作，還需要後期的保養。我們知道，銅鏡是把銅打磨拋光製成的，本身清晰度就不是很好，再加上摩擦和損耗，用的日子久了就會留下磨痕，鏡面就會變得暗淡。這種時候，工匠就要重新出馬，再用砂輪打磨鏡面，只有這樣，才能保持鏡子的光滑清晰。

雖然銅鏡的製作工藝比玻璃鏡落後，但在古代，比起用水照影的做法，銅鏡已經是很方便很美觀的時髦用品了。當然，在唐朝時，鑑於古代人的迷信，鏡子還被賦予了另外的意義——人們認為鏡子有著不為人知的魔力。

古代人不知道月食，他們認為月食是「天狗食月」，也就是一種叫「天狗」的怪物把月亮給吃掉了。因此，每到月食發生的時候，他們就會把自己家的鏡子拿出來，對準月亮照，認為這樣就能嚇跑天狗，避免月亮被吃掉。

還有一種關於「照妖鏡」的說法，認為有一些有魔力的鏡子，在照到妖怪的時候，可以使妖怪現出原形。當然，直到今天為止，我們也沒聽說過有什麼鏡子真的照出了妖怪，但一些老人家還是保留著這種習俗。有些老人會在自己家的窗臺上放鏡子，鏡面朝外，目的是把自己家的霉運都反照出去，也有關於「鏡子照房就會帶來霉運」的說法。看來人們對鏡子的想像力還真是豐富啊。

二、收納自有一套

化妝盒

　　我們都知道，有很多愛美的女性喜歡把鏡子和化妝品隨身攜帶，以便隨時整理妝容。這種能帶在身上的鏡子都做得很小巧，有的可以裝在化妝盒裡。

　　那麼我們就順便來說說化妝盒，與現在用的化妝盒不同，在唐朝之前，並沒有固定用來存放化妝品的器物。而到了唐朝時期，隨著經濟不斷繁榮，政治漸漸穩定下來，人們也就有了閒暇時間來研究一些花俏奢侈的玩意兒。因此，一些裝化妝品的器具也就應運而生了。

　　如今到北京故宮博物院中，還能看到當時用來盛香粉的盒子。那些化妝盒大都製作精美，在上面雕刻著各式各樣的美麗圖案。現在市面上的化妝盒，很多都是模仿當時的樣式製作的，很受女孩子歡迎。

　　除了裝香粉、胭脂等的化妝盒外，唐朝女子還有自己的首飾盒，什麼梳子、簪子、項鍊、耳環，都可以放進去。而唐朝女皇武則天，還有一個更加神奇的首飾盒，盒子的上部是一個鏡臺，下部是兩個隔斷。當她準備化妝的時候，一個隔斷的蓋子能自己打開，裡面會出現一個宮女的木雕，手裡拿著毛巾和梳子。使用完之後，把這兩樣東西放回到

宮女的手裡，這個「宮女」就會自己回到隔斷當中，蓋子也會自動蓋上。

這邊隔斷蓋上之後，另一個隔斷就會打開，裡面也有一個「宮女」，手裡拿著各種化妝用品，什麼胭脂水粉、石黛髮簪，用完以後物品歸位，也一樣會自動合上。怎麼樣，是不是很神奇！比我們現代用的梳妝臺不知道要高明多少倍。

即使是現在的能工巧匠，如果不借助電力的話，恐怕也沒有辦法做出這麼神奇精妙的機關，但在唐朝，就有人可以做得到。

跟過去相比，某些方面我們究竟是進步了還是落後了，這真是一件值得深思的事情。

三、用天然材料保養皮膚

　　皮膚保養最重要，古今都注重的皮膚保養問題。與唐朝的服裝質料同理，唐朝的化妝品也大都源自天然。當然，中國的化妝品可不是唐朝才出現的，唐朝之前，愛美的人們早就開始研究怎麼打扮自己了。

　　史料顯示，至少從商朝開始，就有人研究如何製作美容品了。那個時候有「紂燒鉛作粉」的記載，也就是說，商朝的最後一位統治者紂王，已經知道可以用鉛製成香粉塗在臉上，達到增白的作用。但是由於製作工序複雜，那時候的香粉成本很高，除了皇室的人之外，尋常百姓是不可能用得起的，所以也就沒有普及開來。

　　就這樣，中國人對於化妝品的研究一直延續下來，歷朝歷代都會發展出適合那個時代的美容方法和化妝品。而到了唐朝的時候，由於社會穩定、經濟繁榮，就連最底層的老百姓都日益追求美，整個社會的審美品味自然也有了顯著的提升。

　　「女為悅己者容」，這項觀念在唐朝女子當中得到了前所未有的發揚。因此，唐人在對美容品的追求上，也要比其他朝代更甚。

四、對草莓鼻說 NO

如何去黑頭粉刺？

　　現代人喜歡用敷面膜來改善膚質。什麼美白啊，去黑頭啊，都是靠敷面膜來實現的。但看著這些面膜包裝後面的成分列表，各位有沒有一點擔憂呢？各種化學產品就這樣塗抹在臉上真的沒有問題嗎？答案從身邊就能找到——我們會發現，儘管有些女孩子確實找到了適合自己的面膜，改善了膚質，但也有不少女孩子因為選用了與自己皮膚不合的化妝品，結果反而把皮膚弄得越來越糟，更有甚者還產生了過敏等現象，這樣的結果可就與追求美的初衷背道而馳了。

　　而唐朝就不一樣了——在唐朝，化妝品使用的材質都是純天然的，幾乎沒有什麼污染，即使有不怎麼實在的成分，它的副作用也要小得多。比如我們翻開一本當時藥劑師的手稿，它記載了一項有關怎麼去除黑頭粉刺的方法：用蝙蝠的腦漿當面膜。

　　捉到蝙蝠後，在牠還活著的時候，獲取牠的腦漿，然後將這新鮮的腦漿塗在臉上，可以除去黑頭粉刺。看到這裡有沒有感到很恐怖，美女們，妳們是不是以為純天然的材料就很容易得到？雖然蝙蝠並不罕見，但假如真讓妳們為了自己的美麗去取活蝙蝠的腦漿，妳們是否下得了手呢？

五、天然面膜才健康

　　上面說的是如何去黑頭，此外唐朝也有類似於美白面膜的東西。如果你不小心穿越到唐朝，還恰好來到了當時的宮裡，就會發現那裡的後宮女性使用的美容方法特別多，簡直能寫成一本手冊了。

　　翻閱這樣一本手冊，你可能會看得眼花繚亂，甚至要在心裡暗暗地佩服：在美容造詣上，也許我們現代人只學到了一點皮毛而已呢！

　　對於皮膚不夠白的女孩子來說，可能美白的方法更能夠吸引她們。那麼就讓我們把手冊翻到關於美白的部分，看看唐人是怎麼做的。

　　根據記載，在當時的娘娘、妃子甚至宮女們之中流行一種食療美白法，也就是採用天然材料製成類似營養品的東西，其中包括曬乾的橘子皮、曬乾的冬瓜子以及桃花瓣。將這些東西放在一起搗爛、碾碎，最後用篩子過濾成細細的粉末，每天三次用開水沖服，每次一茶匙。

　　如果按照手冊所說，每天按時服用，大約過三十天後，你就會驚喜地發現，自己的皮膚不僅比以前細嫩，而且變得又白又有光澤，簡直能掐出水來。

　　而達到這種效果所需的東西，並不是我們現在的化妝品宣傳中所含的藏紅花、人參、珍珠等名貴材料，反而都是一些隨處可見、唾手可得的便宜貨。

　　看來和唐朝的美女相比，我們的美容方法不見得有多先進呀！對於唐朝的美容前輩們，我們實在應該一邊仰視，一邊取其精華、去其糟粕，用其促進現代美容業的發展。

六、以胖為美？那你就錯了

瘦身

　　美白和改善膚質的問題解決了，你可能又對自己稍顯臃腫的身材感到不滿意。

　　雖然唐朝流行以胖為美，但胖不代表臃腫，即使胖也還要前凸後翹，有腰有臀，也就是俗話所說的豐滿。試想，如果楊貴妃長成水桶形身材，恐怕無論哪個時代、無論多重口味的皇帝，也不會對這種女人感興趣，更不用說違背倫理，把她從自己的兒媳婦變成寵妃了。

　　既然唐人同樣重視身材，那麼他們當然也研究過塑身的方法。譬如我們在一些唐代的醫學手冊中，會見到有關於瘦腰的方法，而使用的材料仍舊是樹上的桃花。

　　桃花要選擇那種花苞，只挑三朵含苞待放的即可，然後也是碾碎成粉末狀，再將粉末和酒混合，每天在三餐前服用一小勺。據記載，這種方法不僅可以瘦腰，對提亮、改善膚色也有顯著的作用。

　　看來桃花是一種好東西，有興趣的朋友可以在初春時節桃花開放的時候，依照手冊所說，採摘桃花進行嘗試，也許會收穫意想不到的驚喜哦。

七、乾燥要不得

保濕

　　在唐代醫學手冊中，也有關於如何補水、防乾燥的方法。我們知道，皮膚一旦缺水，便很容易衰老，臉上不僅會出現脫皮的情況，還會產生乾紋、細紋，這種狀況對於愛美的女性保持青春是極其不利的。

　　現代人通常採用的應對措施，就是在臉上塗抹各式各樣號稱可以一整天保濕、永遠留住青春的護膚產品，一些大品牌的化妝品更是每天在電視上、網路上、路邊廣告上對我們進行集中轟炸。每一個心存希望的女孩子看到廣告上所說的奇特功效，都會禁不住誘惑，掏出大把大把的鈔票去購買這些護膚品。

　　雖然人們也知道，歲月的痕跡並不是透過簡單的幾瓶護膚水就能夠撫平的，但還是常常心存僥倖的去試驗各種被說得神乎其神的美容品，為的就是能讓自己的青春可以在臉上多停留，哪怕只是一會兒。「最是人間留不住，朱顏辭鏡花辭樹」，這不得不說是每一個女人心中的不甘和遺憾啊。

　　那麼，在崇尚美麗的唐朝，女人們又是用什麼方法來給臉部保濕的呢？

在醫書裡是這麼記載的：她們會擦臉油和護膚乳來保護自己的皮膚。你沒看錯，和我們現在用的護膚乳液還有橄欖油等保濕產品差不多，她們也會在自己的臉上擦這類東西，來保持臉部濕潤。不過顯然，她們用的材料更加天然，對健康更為有利。

接下來介紹一種護膚品的製作方法，這種方法只需要三顆雞蛋和一罈好酒。具體的做法也很簡單，就是把這三顆雞蛋泡在酒中，然後用蠟把酒罈子密封起來，以這種狀態保存二十八天後再拿出來，就可以使用了。這種護膚品據說可以讓皮膚又嫩又滑，嬌艷欲滴，怎麼樣，有沒有覺得很心動呢？

◆《簪花仕女圖》的藝術價值很高，是典型的唐代仕女畫標本型作品，能代表唐代現實主義風格的繪畫作品。畫中描繪的是唐時貴族婦女的日常生活。因為唐代的社會政治比較開明，因此反映現實生活的作品才能夠流傳下來。

當然，如果上面的這種方法你還是覺得麻煩，那麼唐人還有一種更簡單的方法——在農曆七月初七的當天，在臉上和身上塗抹烏雞的血，連續塗抹三次即可，傳說這種方法也可以讓皮膚變得光滑有彈性。不過，這個聽起來就有一股子血腥氣味撲面而來，而且是不是真的有用，或者說

用人工飼養、吃飼料長大的烏雞，會不會使效果大打折扣，筆者都不敢保證。如果有人願意當小白鼠，膽子又大，倒可以試試這個傳說中的辦法。

除了擦臉油之外，唐朝也有護膚乳。製作的方法就是取丁香、肉豆蔻等四種香料，用絲綢包起來，然後浸泡在酒裡面。如果天氣比較炎熱，通常浸泡一個晚上就行了。如果是在涼爽的季節，比如春、秋兩季，則要延長浸泡時間，需要兩個晚上左右才能成功。至於到了冬天，就更要浸泡得久一些，三到四天吧。總之就是氣溫越低，浸泡的時間越長，否則達不到應有的效果。

浸泡好之後，將酒倒入銅質罐中，再加入一些芝麻和豬油，然後把這些東西混合而成的液體放到火上煮，煮至沸騰幾分鐘後，將大火改成小火，像煲湯那樣慢燉，並加入一包香料，直到把液體全部蒸發掉。接著拿一根燃燒著的木棍放進這份混合物中進行試驗，如果木棍伸進去後火完全熄滅，並不會繼續發出「嘶嘶」的聲音，那麼恭喜你，一份純天然的護膚乳就製作成功了。

雖然現存有這種護膚乳的製作過程，但是手冊上卻沒有明確寫出使用的香料到底是哪些，這點令人很鬱悶。如此愛美的唐人發明的東西，材料和製作工藝又都比較可靠，效果應該是有一些的，如果真的能知道具體是什麼香料的話，我們就可以在家裡自己動手DIY一下了，真是可惜了。

八、白裡透紅，與眾不同

粉餅和腮紅

　　以上講的都是關於護膚的方法，從這些方法中可見唐人使用的護膚品都接近於純天然，而且美容功效也還算不錯。除了塗抹護膚品，唐朝那些愛美的女人在時間和條件允許的情況下，還會像我們今天一樣，去做一些美容護理、SPA之類的事情，來使自己的皮膚達到最佳狀態。

　　除了保養，美容還有一個至關重要的部分，那就是透過人工的方法對自己的臉部進行粉飾，也就是化妝。

　　我們現代人會用粉底或者BB霜來使皮膚更加白皙，用腮紅來讓臉部看起來紅潤粉嫩，用睫毛膏使自己的睫毛看起來更加濃密修長，以達到讓眼睛看起來更大的效果。但是，唐人可沒有這些高科技產品，那他們的化妝品又是怎麼做出來的呢？首先我們就來說說粉底。

　　在臉上撲粉以使皮膚更加白皙，從古至今所有愛美的女性都是這麼做的。《淮南子》有云：「漆不厭黑，粉不厭白。」說的就是女人們對於美白的追求，當然是越白越好。

　　不過，製作粉的材料在古代可就沒有那麼健康了，因為主要的原料是鉛，而鉛是具有毒性的。這點非常不好，但因為這是最古老、最有效的一種增白方法，因此還是廣為

使用。即使到了今天，很多美白的化妝品，如BB霜、粉底、隔離霜等也仍含有鉛、汞等金屬元素。雖然製造廠商都打著純天然的旗號，但多多少少都會添加一些這樣的成分，否則單靠植物來使人瞬間增白，目前還沒有這樣的技術。

前面說了，鉛粉這種東西在商朝就已經出現，只是因為成本太高，沒有普及。但隨著社會生產力的不斷發展，到了唐朝，鉛粉已經可以大量地投入使用，滿足更多人的需求了。但眾所周知，鉛粉有很大的副作用，在連續塗抹一段時間後停止使用，皮膚會變得更加灰暗，這是因為鉛會慢慢滲透到皮膚裡，使皮膚氧化。

而在唐朝，鉛粉的副作用更為顯著，因為唐朝的女人比較開放，穿的衣服大都露出胳膊，甚至胸部以上都裸露在外。因此她們使用鉛粉的部位比其他朝代的女人更多，脖子、胸前、手臂，都要擦鉛粉來美白，因此也對皮膚造成了更多的傷害。再加上這種鉛粉在放置一段時間後，自身也會因氧化而開始變黑，十分不方便保存，因此唐人就越來越少使用鉛粉了。

那麼，他們用什麼來代替鉛粉呢？答案就是米粉。

看好了，是米粉，不是麵粉。你一開始想的是不是麵粉呢？因為我們一般吃的大米都是一粒一粒的，通常只有小麥被磨成粉。但實際上，大米也可以磨成粉，而且增白效果還不錯，一定程度上是可以代替鉛粉的。

唐人將米研成細細的粉末後，再往裡面加入香料，就製成了類似於現代粉底的東西，雖然其附著力和效果都比不上鉛粉，但勝在夠健康，夠天然，因此也受到大部分女人的歡迎，也有著不錯的市場。

大家都知道，胭脂水粉是對女人的化妝品的統稱。既然提到了粉，我們就順便也說一說胭脂。胭脂在古代也叫作紅妝，最開始人們製作胭脂大都採用朱砂作為原料，當然朱砂中也含有鉛，所以也叫作鉛丹，是經過了氧化的鉛再加入紅色的顏料。

　　前文我們已經說過，鉛對人體的健康不利，因此這種朱砂胭脂也並不是很受歡迎。真正被廣為使用的是一種植物製成的胭脂，這種胭脂並不是產自中原，而是漢朝張騫在出使西域的時候，從西域引進的。

　　據史書記載，張騫在西漢時期出使西域，途經一個叫「焉支山」的地方。這個地方在今天的甘肅省，但在當時並不屬於大漢的版圖，而是歸西域所有。「焉支山」這裡盛產一種叫「紅藍草」的植物，這「紅藍草」就是日後用來製作胭脂的原材料，匈奴的女人們都用這種東西製成胭脂擦在臉上。張騫一看，覺得這東西不錯啊，帶回去一定會大受宮中女人們的歡迎。於是就為西漢引進了一批「紅藍草」。果然不出所料，這東西一出現，就遭到了瘋搶，幾乎完全取代了原來使用的朱砂。

　　於是，這種新的化妝品就隨著張騫的西域之旅出現在了中原女人的日常生活中。因為「紅藍草」的出產地叫「焉支山」，因此，這種可以塗紅臉龐的顏料就叫「焉支」，而又因為其所在地為胡人的區域，在唐朝時期又改叫「燕支」，後來慢慢就變成了「胭脂」。

　　不過在開發創新上，唐人從來都是不輸人的。

　　雖然「紅藍草」製成的胭脂十分盛行，但唐朝時，也有一部分女子使用石榴花來製作胭脂。為了方便儲存、攜帶

並使其看起來更加美觀，胭脂會被製成粉狀或混成膏狀，更絕的是還有的胭脂被製成了花餅。當然也有製成液體的，就類似於現在有一些品牌化妝品公司出產的液體胭脂。

◆圖為唐代周昉《簪花仕女圖》局部。圖中女子的眉形即為當時流行的眉形。

九、淡掃蛾眉似遠黛

畫眉

說完胭脂，再來說說畫眉用的顏料。

唐朝女子化妝一般都是在擦過粉、塗過胭脂後，就開始對眉毛「下手」了。其實眉毛對於化妝的整體效果來說，是非常重要的。清秀整齊的眉毛能給人一種賞心悅目的感覺，更何況有眉毛和沒有眉毛那絕對是兩種視覺效果。

唐朝人對畫眉更是十分講究，唐代詩人朱慶餘有一首很著名的詩叫《近試上張籍水部》，寫道：「洞房昨夜停紅燭，待曉堂前拜舅姑。妝罷低聲問夫婿，畫眉深淺入時無？」這首詩雖然是借新娘的心緒來表達自己在科考之前的想法，卻也能看出唐朝女子對自己眉毛畫得好壞是很在意的，這種緊張的心情和赴考的舉子想求取功名的焦慮是一樣的。

據說，唐朝時皇宮中的女性每天大約要用掉三十升的顏料來畫眉。其中最著名的顏料叫作「黛」，是一種青黑色的礦物，也稱「石黛」。在描畫前，必須先將這種東西放到石硯上碾磨成粉末，然後再加水調和，其效果和我們今天用的眉粉大致是相同的。

除了「石黛」之外，還有銅黛（綠）、青雀頭黛和螺

黛。銅黛（綠）是銅表面所生的綠鏽狀的物質。青雀頭黛是一種深灰色的畫眉材料，在南北朝時由西域傳入。而在隋唐時期，出現了螺黛，它出產於波斯國，是一種經過前期加工製造，已經成為各種特定形狀的黛塊，使用時沾水即可，無須研磨。因為它的模樣及製作過程和書畫用的墨錠相似，所以也被稱為「石墨」，或稱「畫眉墨」。要不怎麼說唐人在時尚方面走在時代的前端呢，這種黛塊幾乎可以和現代用的眉粉相提並論了。它不論是製作方法還是攜帶的簡便程度，都開了歷史的先河。

也正因為自唐朝開始畫眉的都叫「黛」，「黛」這個詞後來就引申為美女的眉毛，有的時候還用來特指美人。在唐代溫庭筠的《春日》詩中，也有「草色將林彩，相添入黛眉」這樣的詩句。可見「黛」在當時使用的廣泛程度。

而我們今天所用的眉筆，是在20世紀的20年代初從西方傳入的。這些看似洋氣的化妝用品，早在中國唐代就已經有了雛形，可見唐人有多麼前衛。

畫眉的材料介紹完了，接下來就說說眉形的畫法——在這方面，恐怕唐朝女人的想像力比我們現代人還要豐富。

鑑於唐朝女人對妝容十分在乎，大多是不化妝就沒有辦法出門見人的，而眉毛在妝容中又是重點中的重點，因此唐朝女人畫眉的方法也就十分講究。

就拿眉形來說，在唐朝時期有一種最流行的眉形。這種眉形寬而短，詩人元稹曾經寫過一句「莫畫長眉畫短眉」，而那位鬼才李賀也寫過「新桂如蛾眉」的詩句，可見此種眉形在唐朝時有多麼流行。

為了使「蛾眉」在臉上不顯得呆板，婦女們會在畫眉時

將眉毛邊緣處的顏色向外均勻地暈散，稱其為「暈眉」。還有一種畫法是把眉毛畫得很細，稱為「細眉」，因此在白居易的《上陽白髮人》中，我們可以看到「青黛點眉眉細長」這樣的句子，而在《長恨歌》中，他還用「芙蓉如面柳如眉」來形容楊貴妃的眉形。

到了唐玄宗時期，美女們畫眉的形式更是多種多樣，其中最為著名的就有十種眉，包括鴛鴦眉、小山眉、五嶽眉、三峰眉、垂珠眉、卻月眉、分梢眉、逐煙眉、拂雲眉、倒暈眉。看看，光是兩道眉毛就有這麼多畫法，可見唐人對美的追求達到了何種程度。

到此為止，護膚、擦粉、塗胭脂、畫眉，化妝的幾大步驟都已經完成，最後再塗一下嘴唇，就是一個完美的妝容了。

唐代時期的唇膏都是利用花瓣製成的，是天然的。有時人們還會使用一些軟體動物的外殼，碾碎之後加入唇膏中，作為香料。前面我們也提過，在唐朝，曾經有一段時期是流行「黑色唇膏」的，那個時期，如果還塗紅色的唇膏是會被人笑「落伍」的。

怎麼樣，唐朝美人們很酷吧？哪怕是在今天，也只有一些很有「個性」的美女，或者一些大膽的女孩子，才敢把嘴唇塗成黑色來彰顯自己與眾不同的風情，普通的女子還是只喜歡偏紅色系的唇膏。不得不說，我們真的是被她們打敗了。

唐朝時期，人們還會從鳳仙花等植物中提取出來顏色，再放進硫酸鋁和大蒜，做成指甲油。怎麼樣，大蒜味的指甲油，是不是很特別呢？如果現在的男孩子覺得自己女朋友塗的指甲油氣味嗆人的話，就想一想，這種味道總比大

蒜味好多了！

◆唐朝時期「偽娘」風氣盛行，很多男子都喜歡在頭上簪
花。圖中所示男子頭上簪著花朵。圖為清朝蘇六朋所畫
《簪花圖》。

　　而且，還有一點跟我們現在不一樣，在唐朝不只女子留
指甲，男人的指甲也是很長的，因為古代人大都信奉「身
體髮膚，受之父母」，不會輕易去傷害自己身體上的任一
部位。而且那個時候還有「專家」特意出來強調，指甲剪
得太頻繁對身體是有害的。

　　看來，不管在哪個時代，都有一些看似不科學、卻很受
大眾歡迎的理論啊！

十、鬚眉不讓巾幗

男子簪花

如果你以為唐朝只有女人才有對美的追求，那就大錯特錯了。想想看，哪怕在今天，如果有人認為愛美只是女人的專利，也都只會被批「OUT」了！不管在哪個年代，「愛美之心人皆有之」都是絕對的真理，只不過當今的社會不流行男子化妝，如果有哪個男人塗脂抹粉，把自己打扮得跟女人一樣，十有八九會被罵「變態」。

但在唐朝的時候，如果有男人願意像女人一樣化妝，卻沒人會說他什麼。實在是因為唐朝本身就是一個比較開放的朝代，那個年代的男人們，在追求美上面，可以說是「鬚眉不讓巾幗」。他們有些人不僅公開穿女人的衣服，還會把自己裝扮得「跟花兒一樣」，比如在頭上插朵大牡丹、大月季，在臉上撲點香粉，塗個唇膏，描個眉毛什麼的。總之，用「油頭粉面」來形容他們一點都不為過。據說曾經出土了一個唐代墓葬，在墓中出土了大量的首飾和化妝用品，大家可能覺得這是很正常的，但如果說這個墓葬的主人是個男人的話，大家還會覺得正常嗎？

唐朝男人這種「臭美」行為還是由皇上帶頭的，就比如簪花。大家都知道，花是女性戴在頭上做作為裝飾的用品，

然而在唐朝，男人們也愛戴這玩意兒，而且是皇上帶頭去戴的。

話說每年春天，都城長安的人們都流行出外郊遊。一位名叫蘇頲的詩人，有一次玩得高興，一激動就寫出了「飛埃結紅霧，遊蓋飄青雲」的絕句。這次一起出遊的，還有歷史上那位很著名的皇帝唐玄宗。玄宗聽了這句詩之後心情特別好，因此對作這句詩的蘇頲大加讚賞，並順勢將自己所戴的「御花」賜給他，還親自幫他插在頭巾上。

在場的眾人一看，連皇上都這麼喜歡簪花，可見這是一種流行趨勢啊！咱們要是不緊隨其後，豈不是就被時尚拋到了後面？於是大家也都紛紛效仿玄宗，也都想給自己腦袋上弄朵花戴戴。那些王爺更是害怕落於皇帝之後，紛紛在自己的頭上頂上女人的花，以示自己是多麼的時尚。

有個汝陽王李璡，還給自己弄了個「花奴」的小名，他最常做的事情就是頭上簪花跳舞。有一次他在唐玄宗面前表演，戴著絹帽敲擊羯鼓。唐玄宗看得很開心，就隨手取了一朵自己戴的花放到李璡的帽子上。

看看，這唐玄宗皇帝的嗜好就是與眾不同，就是喜歡把自己戴完的花再給別人戴在頭上。不過在那些被他贈花的人眼中，這種獲贈卻是一項莫大的榮耀，再怎麼說那也是皇上贈的花啊，這機會可不是誰都能有的。當然，李璡也不例外，他可是十分珍惜這朵花的，當他的舞蹈伴隨著音樂的結束時，也沒讓帽子上的花掉落下來。這也讓唐玄宗感到非常高興，於是當場又賜給他一櫃子金器。兩個人頗有點「英雄惜英雄」的意思，這足可見，兩個人在唐朝一票愛美的男人中，算得上是「花癡」中的翹楚了。

因為連皇上都喜歡簪花，所以接連效仿的人猶如過江之鯽，因此這股簪花的風潮就從宮裡連吹帶刮地捲入了民間。

唐玄宗是皇帝，李璡是貴族，想要什麼花自然就有什麼花，頭上簪花對於他們這些人來說，根本不算什麼。但普通人想弄朵自己喜歡的花戴在頭上，卻不是一件容易的事。

有一位才子為了追求時尚，想在自己的頭上插一枝蘭花，竟然做起了賊。這個人叫霍定，平時也愛遊山玩水。春天一來，這傢伙便開始了他到處閒逛的遊樂之旅。但出門總得打扮一番吧！話說在打扮自己的問題上，這位爺兒還有一個奇怪的愛好，就是出大錢雇人去偷貴族亭院中的蘭花，再把它們全都插在自己的帽子上。如果說他沒錢倒也算了，但他心裡的真實想法卻是：我不是沒錢，錢我多的是，但我戴著貴族家裡的蘭花，要的就是這個氣派。而且他還專挑人多的地方去，哪兒人多上哪兒去。

不只這樣，他還一路走，一路叫賣他頭上的花。最讓人感到不可思議的是，那些路上的男男女女也都跟著了魔似的，擠在一處，打破了頭想要買他戴的花，使得凡是他走過的地方，地上到處扔的都是錢幣和女人用的金釵。你說這是不是有病，而且還病得不輕呢！

十一、小白臉很有前途

男子美白

除了戴花之外，唐朝的男人們也講究美白，誰都知道「一白遮百醜」，也都愛往自己臉上抹一些美白的化妝品什麼的。

杜甫在《臘日》中也寫道：「口脂面藥隨恩澤，翠管銀罌下九霄。」根據《四時纂要》記載：「面藥，（七月）七日取烏雞血，和三月桃花末，塗面及身，二三日後，光白如素。」這裡的面藥就是在女子化妝材料中提到的那些用來美白的化妝品。其實它本身就是唐人常用的化妝品的一種，可使皮膚潔白細膩，有增白效果。因此，不光是女人們使用這些化妝品，男人們平時也會用這種東西使自己的皮膚看著更光滑一些。

所以說，什麼油頭粉面啊，什麼娘娘腔啊，這些讓現代男人聽起來不舒服的詞，在唐朝男人的眼裡根本不算什麼，因為他們並不覺得這是貶義，反倒是自己的妝化得越漂亮，越開心。

在追趕流行的男人們當中，有兩個很著名的人物，一個叫韋崟，一個叫衛玠。那麼，這兩人做了什麼臭美的事，能讓他們「留名於後世」呢？我們不妨來看一看。

這兩人中的衛玠大人可以說是個愛美的曠世奇才，他用了那些日常的化妝品之後，還覺得不太滿意。也許是不太適合自己的皮膚，或者是其他原因，反正人家就是不滿意，在他眼裡那些化妝品都不過是粗製濫造的東西，為了能製做出自己心目中的化妝產品，他發揮DIY的精神，自己動手發明了一種叫作「化玉膏」的東西。

　　什麼是「化玉膏」呢？查過資料我們發現，那就是一種用來洗臉的東西，其功效大致和今天的洗面乳差不多。看看，多麼偉大的男人，在愛美的路上敢於獨闢蹊徑，走出一條別人沒走過的路，這不得不說是一種創新，可以說是填補了唐朝洗面乳行業的空白。

　　不只如此，在當時，衛玠就已經知道把芹菜什麼的搗成泥，然後敷在臉上做面膜。更讓人驚歎的是，這個男人還非常講究，比如每次洗澡之後，都要求婢女必須得用金盤子托著頭髮替他梳頭。他這種對美的追求，恐怕連現今的女孩子都要自歎不如了。

　　另外一個叫韋崟的人，也是臭美界的一朵奇葩。有一天，他的一個朋友娶媳婦，請他過去參加婚禮。他聽說朋友娶的妻子很漂亮，心裡還想著要和人家女人一較高下，於是在出門之前特意用心打扮了一番。沐浴更衣後，在頭上戴了絲巾，在嘴上抹了口紅，又很仔細地檢查一番，覺得各方面都十分完美之後才肯出門去恭賀他的朋友。這種對美的癡迷程度，知道的人明白這只不過是他的愛好，不知道的人肯定會以為他和這位朋友有什麼特別的關係，才會在人家婚禮上弄得比新娘子漂亮，讓人家新娘子下不來台。

十二、左青龍，右白虎

除了以上提及的那些以外，一些唐朝男子還有一個和現代很相似的愛好，那就是「紋身」。你沒有看錯，我們說的就是紋身。

是不是覺得很奇怪？我們一直說「身體髮膚受之父母」，在古代剪個頭髮都可以說是大逆不道的事情，更何況是在身上紋上各種東西了，那肯定是完全不被允許的。即使在現在，紋身也不被普遍認同，大家都認為只有臭流氓才會紋身，又何況是在教條多多的古代呢？

但正如每個時代都有為了追求與眾不同而不惜捨身的人，不管在什麼時候，都有一批人會無視社會的風俗，遊走在時代的邊緣。唐朝這麼開放的朝代就更不會例外了。

傳說有一個人，花了五千文錢，請了一個畫師，在他的前胸紋了一幅山水畫。這幅山水畫惟妙惟肖，不只有瞭望塔，還有被河水、樹林、鳥獸等環繞的亭台樓閣。你說，在身上用針刺這麼多下，那多疼啊，可是這個人竟然為了追求個性，忍住疼痛，給自己弄出了這麼個別出心裁的紋身，可見這個人得多時尚。

◆圖為唐朝的刺青。刺青是古代紋身風俗的遺存，許多民族
都曾有過。古書記載周代的越人即披髮紋身。後來民間的
刺青已沒有上古圖騰崇拜的內容。唐代民間特別流行刺
青，當時稱為「劄青、點青、膚劄、鏤身」。其內容包括
各種圖形、文字以及人物、佛像等……

　　這還不算什麼，至少他紋的圖案還很文雅，更有一些
人，為了顯示自己的厲害和與眾不同，在自己的肩膀上紋
了兩行字，這兩行字左為「生不怕京兆尹」，右是「死不
畏閻羅王」。要不怎麼說二百五什麼時候都有呢。你要是
弄成這樣，就自己偷偷摸摸欣賞就好，他偏不，非得招搖
過市，讓人家都知道他是多麼有個性，於是就光著膀子在
大街上走。

這讓一位官員給看見了，心想，好傢伙，你這還真「霸氣外露」啊，不怕官員是吧，那我這個官員就讓你去見閻羅王，看看你到底怕不怕閻羅王，於是派人把他給打死了。而這人倒真是不怕官員，至於怕不怕閻羅王，恐怕只也有他自己才知道了。

當然，也有一些紋身者是聰明人，比如有個人就在自己身上紋個財神爺。大家都知道，很多人的家裡都供著財神爺的塑像，因為自古就流傳財神爺能保佑升官發財，還有過年接財神的說法。這個人後來犯了法，被抓起來了。官府想打他的時候，他就從容地把衣服一脫：「來，打吧。」其實他心裡想的是，看你們敢不敢打，打我就是打財神爺。果然如他所想，這些人害怕了，沒人敢往他身上打一板子。

怎麼樣，唐朝這幫爺兒們有一套吧。所以不要以為自己很新潮，假如你真的一不小心穿越到唐朝的話，你未必能超越這些時尚先鋒。而且，雖然在其他的朝代紋身都被認為是粗鄙之人才弄的，但在唐朝，這可是一種美麗的象徵呢。因此，如果你真有機會穿越到唐朝應該把握住這種千載難逢的機會，在穿越前做好必要的功課。

因為如果你到了唐朝，想小小地出點風頭的話，自然就要紋個漂亮點的紋身，這樣的話，你就不得不先搞清楚，到底哪個地方的紋身最好。在唐朝，有三個紋身很出名的地方。

第一個，當然是唐朝的首都——長安了。長安是當時的政治、經濟、文化中心。來往的行人商旅們也要比其他地方多，很多東西都是從長安流行起來的。紋身這麼時尚的東西，身為各省市之首的首都怎麼可以不弄得更先進一點

呢。於是，一種叫作「紋身師」的職業紋身者就率先在長安出現了。

另外一個地方叫蜀都，也就是今天的四川成都。那個時候的成都無論在經濟上還是文化上的發達程度都不亞於長安。因此，對於時尚的研究也十分專業。在《酉陽雜俎》中還專門寫道：「蜀人工於刺，分明如畫。或言以黛則色鮮，成式問奴輩，言但用好墨而已。」可見蜀都對於紋身的研究十分精細，其成品不僅刺色分明，而且用色講究。

還有一個地方就是被三國名將關羽關雲長的一個大意失掉的荊州了。

如果看過三國，恐怕大家都知道，荊州這個地方挨著吳越，自古就是官商要道，商業貿易往來十分頻繁，而且還留有吳越的風俗習慣。杜佑《通典‧州郡十三》中記載：「荊楚風俗，略同揚州，雜以蠻左，率多勁悍。」由此可見，荊州紋身之風也是很興盛的。

唐代貞元年間，荊州市場上還出現了以賣紋身用的工具——針刺為生的手藝人，歷史記載「有印，印上簇針為眾物，狀如蟾蠍杵臼，隨人所欲一印之，刷以石墨，瘡愈後，細於隨求印。」這段話告訴我們，荊州的紋身技藝相比那兩個繁華城市可能還要更勝一籌。因為這種紋身方式改變了過去一針一針慢慢刺扎的笨拙做法，而是先排出個圖案，然後一次成形，大大縮短了刺膚時間，減輕了紋身者的苦痛。同時，經過這種方法紋出來的花紋深淺一致，刷墨以後印跡均勻，「細於隨永印」。由此可以推知，如果當時荊州不是紋身之風盛行的話，就不會有職業紋身者的存在，也不會有這麼高超的紋身技藝產生。

　　由於紋身市場相當熱門，專門為人們提供紋身服務的工作坊也就應運而生。其作用和運作模式就類似於今天我們在大街上看到的紋身工作室。而且紋身在當時形成了一種不容忽視的社會文化現象，後來還傳到了日本，也就是當時的扶桑，可以說是在亞洲範圍內掀起了一股紋身熱，使得紋身成為一種時尚席捲了整個亞洲。

　　即使在今天，很多外國人在紋身的時候，仍然喜歡紋上中國的漢字。著名足球明星貝克漢到中國的時候，還展示了他的中文紋身：「生死有命，富貴在天」，很有中國傳統的宿命特色。可見漢唐文化在世界流傳之廣。

　　看了上面這些內容，大家是不是覺得唐朝的男人們也都很有意思呢。在時尚這條路上，他們也是一樣不輸給女人們的，而且和現代社會相比，他們活得更多姿多彩，這恐怕連很多現代的男人都會羨慕不已。

4.

我愛洗澡，皮膚真好

一、洗澡是很舒服的事

個人衛生問題

　　以前在看古裝電視劇或者小說的時候，常常會糾結於一個問題，那就是古代人到底多久時間洗一次澡呢？他們洗澡的時候洗不洗頭髮？帶著這個疑問，我們來看一看中國歷史上最繁盛的時代——唐朝，看看他們是怎麼解決自己個人衛生問題的。

　　放眼全中國，目前澡堂叫得最多的名字恐怕就是華清池。熟悉歷史的人都知道，「華清池」這個在現代眾所周知的名字出自唐朝。它是唐玄宗和他的愛妃楊玉環洗鴛鴦浴的地方。這個名字被後人拿來廣泛應用，不得不說這二位引領了一種洗澡的文化，讓洗澡成了一種很風雅的休閒活動。

　　唐人很愛請客、洗澡。在他們的眼中，請人吃飯賞歌，那都算不上什麼——真正對客人好，就應該請他去泡澡。因為在古代人看來，洗澡可以疏通經絡，活血化瘀，對身體健康有很大的好處。而且在過去的某些年代，如果一個人病得快要死了、藥石無效的時候，就只能「死馬當活馬醫」使出撒手鐧，即洗澡或者放血，可見洗澡對人來說是有利的。

　　其實從漢朝開始，中國人就有勤洗澡的習慣。據說他們每五天就洗一次澡，雖然和現代的一天一洗相比，頻率還是比較低的，但是在技術不發達的當時，這已經是很勤快的表現了。

　　而且如果你是「公務員」的話，還能享受每五天一次的「洗澡假」。雖然到唐朝的時候，由於官員們每天都有很多政務要處理，因此放假時間間隔被從五天延長至十天，但這並不影響官員們愛乾淨的好習慣。據記載，「安史之亂」後，朝廷上下忙得焦頭爛額，因此原來的每月三天假也就不得不取消了。

　　但即使這樣，大家也不會放棄洗澡的習慣，而是利用自己偶爾擠出來的閒暇時間，勤奮地處理自己的個人衛生問題。

二、三天洗一次澡已經很勤了

「洗三」

　　不只洗澡洗得勤，唐人在洗澡的時候，還有諸多講究，身在皇室的人尤甚。前面我們提到的楊貴妃，她可以說是開創了唐朝洗浴的新篇章，甚至對後來也有著深遠的影響。

　　楊貴妃，本名楊玉環，其實她最開始並不是唐玄宗李隆基的媳婦，而是他的兒媳婦。不過因為她長得沉魚落雁、閉月羞花，連李隆基這個當皇上的也不禁拜倒在她的石榴裙下，甚至千方百計使她從自己的兒媳婦變成了自己的寵妃，為後世稗官野史提供了很多題材。這個楊貴妃就十分喜歡洗澡，喜歡到什麼程度呢，她每三天就要洗一次澡。

　　看到這裡，你可能會撇嘴，覺得三天才洗一次澡，已經算是懶人了，這麼低的頻率，怎麼能算得上愛洗澡？但是考慮到當時的條件，這個頻率已經很高了。你想啊，那個時候是沒有自來水又沒有熱水器的，弄一池子洗澡水就別提有多麻煩了。如果不是皇室成員，普通老百姓家恐怕是消受不起的。但是楊玉環卻因為身為貴妃而享受了別人所沒有的待遇，可以三天洗一次澡，也正因為如此，她弄出了很多洗澡的花樣，後文將詳細描述。

　　關於楊貴妃為什麼要三天洗一次澡，在民間也有不同的

說法。

　　其實各朝各代的老百姓都是一樣的，茶餘飯後就愛說點皇家的閒話、八卦來解悶。更何況像楊玉環和李隆基這種不合倫理關係的夫妻，更是容易被人背後嚼舌根了，所以關於他們的傳說比比皆是，隨便翻開一本野史，都能看到各種段子。其他的不提，單拿洗澡這件事情來說，可能人家楊玉環只是單純喜歡洗澡而已，但也引來了頗多說辭，比如有人說她三天洗一次澡是因為民間有「洗三」的說法。

　　什麼叫「洗三」呢？「洗三」也叫三朝洗兒，在當時的宮中很流行這種說法，就是在嬰兒出生三天之後，要舉行出生後的洗禮，就是給嬰兒洗澡，所以叫「洗三」。對於那時候的人，特別是皇室成員或者富貴之家來說，這是孩子生下來以後的頭等大事，當天主人要給下人們賞賜，賞賜的金錢又叫「洗兒錢」。

　　在這一天，主人還得在家裡大擺酒席，招待來祝賀的親朋好友，俗稱「湯餅會」。那時的「湯餅」其實並不是餅，而是類似於長壽麵的麵條。總之，當時的小孩生下來就要面臨幾個重大的活動，除了滿月酒之外，「洗三」也是必不可少的。由此也能看出，洗澡這種事情，從孩子一出生，就已經被重視了。

　　有關「三朝洗兒」的習俗，唐代詩人王建的《宮詞》之七十一寫道：「日高殿裡有香煙，萬歲聲長動九天。妃子院中初降誕，內人爭乞洗兒錢。」現在，在中國南方的農村還流行為嬰兒「洗騷」（廣州話把嬰孩稱為「騷蝦」），但日期並不固定為第三日，可以從黃曆中選一個吉日施行。

　　話題好像一下子扯遠了，我們繼續回到楊貴妃。民間說

楊貴妃每三天洗一次澡就是遵循「洗三」的習俗，為的就是讓自己的皮膚可以像小孩一樣柔嫩，保持自己的年輕之膚。這聽起來好像挺有道理的，但事情傳到後來就離譜了，還有人說她之所以洗得這麼勤，是為了和她的「乾兒子」，也就是後來「安史之亂」的始作俑者安祿山行苟且之事。

但這事兒用腳指頭想也能知道有多麼離譜，楊氏那可是皇上的愛妃，雖然安祿山後來敢反叛，但最開始的時候怎麼也要裝裝樣子，不可能一上來就明目張膽下手的，畢竟，給皇上戴綠帽子，可不是件小事。

現代一些研究歷史的專家對此事也持有不同意見，但事實是什麼樣子的，恐怕只能靠楊貴妃託夢給他們才能知道了。

◆《楊貴妃上馬圖》（局部）宋末元初錢選所繪，現收藏於美國佛利爾美術館。圖中共繪十四人，皆著唐裝，人物身形飽滿，姿態、動作各不相同，形象刻劃細膩、生動。此卷所繪唐玄宗與貴妃楊玉環上馬的情形。玄宗騎照夜白，側面望著貴妃，而貴妃旁有兩侍女協助。

　　後來，有些專家從日本的一些史料中找到了蛛絲馬跡。看到這裡可能大家有些疑問，為什麼中國妃子的資料會在日本有歷史記載。

　　這是因為在中國的民間及日本的民間都有傳說，「安史之亂」時被迫用三尺白綾結束自己性命的楊貴妃其實並沒有死，只是處於假死的狀態。復甦之後，她就取道蘇州，輾轉逃到了日本。據說在日本有一個楊貴妃村，還有楊貴妃廟，還有人考證日本傳說中的「輝夜姬」的原型就是楊貴妃。但傳說這種東西，是否可信就不得而知了。

三、讓身體充分享受 SPA 吧

花粉浴和豆漿牛奶浴

　　由於日本和楊貴妃有著絲絲縷縷的關係，也就有了許多關於楊貴妃的記載。

　　記載中說，楊貴妃之所以洗澡洗得那麼勤，是因為她有很嚴重的狐臭。很多人看到這種說法可能會覺得震驚，認為如果她真有狐臭的話，怎麼會被唐玄宗愛到「從此君王不早朝」的程度，甚至棄國家和社稷於不顧呢？

　　但人性是多樣化的，誰也說不準，而且這和她愛洗澡倒是真的能聯繫在一起。你想，正是因為有狐臭，才要常常

洗澡來掩蓋這種臭味啊。而且為了達到更好的遮掩效果，楊貴妃還派人在洗澡水中加入花粉，這樣出浴之後，就會全身香氣撲鼻，自然也就掩蓋住了狐臭味。

◆楊貴妃墓即唐玄宗李隆基的貴妃楊玉環之墓，位於興平縣城西的馬嵬坡。楊貴妃身材豐滿，膚如凝脂，乃中國古代四大美人的「羞花」。

　　據傳，「花粉浴」就是從楊貴妃開始流行的，我們現在洗澡喜歡在水裡加點精油的概念，恐怕也是由此而來的吧！從楊貴妃之後，民間紛紛效仿，在洗澡的時候都往水裡放點花粉、花瓣之類。後來，在大唐時期極為盛行的道教，還會在洗澡水中加入沉香、乳香、檀香、丁香和冰片等香料，認為這樣能袪除邪氣，延長壽命。

　　除了「花粉浴」之外，楊貴妃還喜歡洗牛奶浴。每次洗澡的時候，都要在水裡加入牛奶，有的時候甚至連水都不用，直接用牛奶。怎麼樣，夠奢侈吧？即使現在，我們洗所謂的牛奶浴時，也不過是用一包牛奶塗抹全身而已，可是人家貴妃直接就泡在牛奶裡了，這一對比起來，人家皮膚那麼好，能討得皇上的歡心，也就不足為奇了吧。

◆圖為清代畫家殷球所繪《貴妃出浴圖》立軸。殷球，字倚谷，清代畫家。

　　傳說有一天，楊貴妃又準備洗澡，可是當時很不巧，牛奶都已經用光了。宮女們可嚇壞了，這要是讓貴妃知道了，該如何是好。正在這時，有一個宮女在一旁小聲提議：「要

不，我們用豆漿試試？從外表上來看，豆漿和牛奶也差不了太多。」眾人一想，時間緊迫，也顧不了那麼多了，這怎麼也算是一個權宜之計，於是就用豆漿代替了牛奶。

如果說一般人感覺不出來牛奶和豆漿的區別還情有可原，楊貴妃可幾乎是泡在牛奶裡生活的人，更何況皮膚嬌嫩敏感，怎麼可能感覺不出來不同呢？果然，她剛一入浴，就感覺與平日有些許不同，但有什麼不同一時間還真說不上來。只是覺得比以前的牛奶浴還要舒服，全身又滑又嫩，就問宮女這次洗澡水裡加了什麼東西。

宮女一聽，以為貴妃要降罪，也不敢說瞎話，直接就說因為沒有牛奶，只好用豆漿代替了。她怕貴妃怪罪，還特意解釋說，豆漿是用大豆磨的，大豆對女人有各種好處。當然，一個小宮女也沒有什麼專業知識，什麼大豆異黃酮、卵磷脂這種專業術語也說不出來，只說對皮膚也有好處。

貴妃聽了宮女的話，再加上親身體驗，也確實體會到了這「豆漿浴」的好處，不但沒有責怪宮女，還賞了宮女很多銀兩。並囑咐說，以後不僅要用豆漿洗澡，每天早晨還要喝上一杯鮮豆漿。

看到了嗎，美女們，恐怕大家還沒有想過要用豆漿去洗澡吧。牛奶浴已經不是什麼新鮮玩意兒了，要想保持水嫩嫩的皮膚，不妨在下次洗澡的時候試一試連楊貴妃都中意的「豆漿浴」吧，也許會有更加驚喜的效果哦。

看到這裡，大家可能還有個疑問，既然大家這麼愛洗澡，那麼那時候有沐浴露和香皂嗎？答案可能會讓大家失望了。雖然大唐是個時尚大國，但也沒有辦法逃出時代的制約，用動物油製成的香皂是現代才出現的。

　　但這也不妨礙唐人在洗澡的時候做好清潔工作，因為他們有更天然的材料，那就是皂莢，也就是皂角。這種東西有天然的去汙力，比起現代的香皂、洗衣粉和沐浴露等化學製劑，不知道要健康多少。

　　唐初《新修本草》記載：「豬牙皂莢最下，其形曲戾薄惡，全無滋潤，洗垢不去」，應選「皮薄多肉……味大濃」者，故而後世用「肥皂」一詞以稱呼質優肉厚的皂莢，意為「肉多肥厚的皂莢」。唐朝的藥劑師就用皂角製作洗浴和清潔用品，將皂莢碾碎，再加入麵粉、礦物粉和香料，一款純天然的清潔劑就製成了。

　　在唐初的時候，皂角皂的製作方法還被視為祕方，都是家傳，不會對外傳播。有的藥劑師甚至連自己的孩子都不會告訴他。不過，就算這樣，在製作清潔用品這方面，唐朝的時尚達人們畢竟還是領先一步了。

四、口香糖？我們還是談談丁香花吧

祛除異味

　　除此之外，唐人也像我們現在一樣透過含「口香糖」來祛除自己口中的異味。當然這「口香糖」並不是真正的口香糖，只是類似的東西而已。因為在唐朝，特別是在上層社會中，口裡有異味是會讓別人瞧不起的。因此，唐人也就得想盡辦法來避免這種尷尬的事情發生。他們所用的材料就是丁香。

　　丁香花裡含有一種叫作丁香酚的化學物質，不但可以清新口氣，還能緩解牙痛，不得不說是一種純天然的口腔清新劑。相傳唐朝著名的宮廷詩人宋之問有口臭問題，所以在晉見武則天時，一定先口含丁香，保持口氣芬芳。

　　還有一些人認為橄欖在清新口氣上，要比丁香好很多，因此沒事的時候，他們就會嚼橄欖，既可以清新口氣，又可以當零食，一石二鳥，何樂而不為呢？由於橄欖味酸，還有些講究的人將它浸泡在蜂蜜中，做成了我們現在的蜜餞──蜂蜜橄欖，可見唐人還真的很會享受生活。

　　當然，這些都是一些民間的辦法。真正有身分、有條件的人這兩種方法都不用，而是用來自西域等地的香料。特別是皇族的人，因為有自身的優勢，常常能得到異域番邦

進貢的一些名貴的香料，他們也就得以在各方面都與眾不同。

這些皇家的人，每次要會見賓客的時候，就會將那些由各式各樣的香料混合在一起製成的東西放到嘴裡咀嚼，只要一開口說話，就會吐氣如蘭，給人一種清新的感覺。據說寧王每與人談話時，會先將沉香、麝香嚼在口中，「方啟口發談，香氣噴於席上」。而楊國忠的「四香閣」「用沉香為閣，檀香為欄，以麝香、乳香篩土和為泥飾閣壁」，奢華極了。

不只如此，唐人也很注意對牙齒的保健。那個時候就有專門的大夫告訴大家在早晚應該清潔牙齒，在飯後還應該漱口，把一些飯菜的殘渣吐出去，才能夠保持牙齒的健康。看看，唐人是真正地講究衛生和健康。而且就是在那個時期，因為佛教廣為傳播，牙籤這種東西也從天竺國傳入了唐朝，人們在吃飯的時候，再也不用害怕塞牙了。

在前面我們說到楊貴妃有「狐臭」。其實在唐朝時期有很多身體有異味的人，因為唐朝一直都是對外開放的，各個國家的人都慕名前往唐朝，有胡人、波斯人，還有很多異域人士前來，這些人身上常常有一種特殊的味道，讓人難以忍受。為了掩蓋這種味道，這些人就會在身上噴灑香水。

據說，楊貴妃還會在存放衣服的箱子裡放入樟腦，那時用樟腦來祛味、驅蟲的習慣和我們現在倒是十分相像。還有一些人會隨身帶著香囊，香囊裡一般都放有香料或者花花草草，比如羅勒草之類。有的時候還會在繫的腰帶上塗抹一種叫蘇合香的東西。據稱，楊貴妃所佩的交趾國進貢的蟬蠶形瑞龍腦香「香氣徹十餘步」。

有一些女人，甚至採用從小吃香料的方法，使得長大以

後，全身都會散發出異於常人的香氣。那個時候的一些名醫也有一套自己的方法使身上散發香氣，他們取酸橙、乳香、丁香、楓香等東西製成香料，放到小袋子裡，置於腋下。

還有一種方法，就是將丁香、甘松香等東西混合在一起，碾碎後過濾成粉末，加入蜂蜜，然後來回碾一千次，做成丸狀。白天服用十二粒，晚上服用三粒。服用方法為含服，即將藥丸放到嘴裡，直到含化。如此一來，五天後身體就會自然散發現清香，不只身體，衣服和被褥也會帶有香味。總之，在唐朝社會中無論男女，都講求名香薰衣，香湯沐浴，香料的使用很講究。

透過上面的描述，大家可能會發出驚歎。唐人真的和現代人一樣，那麼時髦和前衛，就連在洗澡、刷牙這樣的小事上，也是走在當時世界的前頭，甚至對後來有著很大的影響。大家是不是對唐朝的嚮往又多了一些呢？

所以說，如果真的穿越過去的話，我們恐怕並不一定會引領當時的潮流，反倒會被唐人的時尚折服呢。

5.

咱們吃好喝好啊

一、南米北麵的飲食習慣

食物

　　很多當代人受電視劇或者某些史書的影響，已經形成了一個定式，那就是唐朝都是以胖為美。所以很多胖胖的小美女都想穿越到唐朝去體會一下眾人艷羨的目光。

　　但說句實話，如果你真的是抱著這個想法，坐時光機回到了大唐盛世，看到真正的街市風光，你恐怕會很失望。因為在大街上，胖胖的美女幾乎不可見，那些在街上妖嬈走著的，仍然是瘦瘦的美人。於是，你不禁跺著腳大叫：歷史，你欺騙了我！

　　唐朝的美女也是苗條的。《次柳氏舊聞》《唐語林》等文獻記載，唐肅宗李亨還是太子的時候，被李林甫陷害。唐明皇得知後，讓高力士派京兆尹「選人間女子頎長白者五人，將以賜太子」，以示安撫。可見，那個時代的美女標準也跟今天一樣：瘦高而白皙。

　　其實，一個人胖或者瘦，除了與生俱來的基因影響外，與後天的飲食結構也有著很大的關係。一個每天吃糠咽菜的人，一般不會胖起來。每天錦衣玉食又不愛運動的人當然會胖了。所以說，唐朝以胖為美說不定就是富人的一個天大的謊言呢。

那麼，唐人都在吃什麼呢？現在我們就來談談「舌尖上的唐朝」，讓那些想著要去唐朝過日子的人，對自己的未來有一個瞭解和打算，免得到了那邊連飯都吃不了，最後真的活活餓成一個瘦子了。

說到唐朝的飲食特點，其實和我們現代是極為相似的。因為從那時到現在，自然條件並沒有什麼太大的變化。由於氣候、土壤、水源等條件的不同，唐朝以長江、黃河流域為基線分成南北兩個部分，這和現代中國地理上的劃分幾乎是一樣的。

◆圖為1972年出土於新疆吐魯番阿斯塔那張禮臣（655—702）墓的隨葬屏風畫，隨葬品中共六幅畫作，分別繪四樂伎、二舞伎，這是其中的一幅。畫中女子雖臉部豐滿，但身材並不屬於豐腴一類，由此也能看出唐朝的美女，未必都是胖子。

說到這裡，大家可能都會明白了。唐朝和現在相似，就地域而言，南方的主食是以稻米為主，副食則是以魚蝦等水產品為主。畢竟江南被稱為「魚米之鄉」。而北方，也就是以黃河流域為中心的區域，都是以麵食做為主食。

當然，雖然說這是南北兩邊的主要飲食特點，但由於南北交通發達，往來便利，很多飲食習慣已經交織在一起了。南方也有愛吃麵的，北方也有愛吃米的。更何況是在社會繁榮的大唐朝，南北方的文化交融已經達到了一個空前的高度，所以，是吃米還是吃麵已經不能作為明顯的區別地域標準了。

二、饅頭，包子，餃子，餛飩？到底是什麼呀？

　　就主食而言，在唐朝時就已經有了和現在類似的食物，如餃子、餛飩、饅頭等。這些日常的主食，在唐朝時期就已經擺上了人們的餐桌，只不過和現在還是有一點點不同而已。

　　如果你坐在唐朝某家飯館，喊「老闆，來一個饅頭」，你會發現給你端上來的這個東西，完全不是你腦海中存在的「饅頭」樣子。因為，這分明是個包子嘛。

　　在現代大家可以把包子和饅頭區分得很清楚，有餡的就是包子，沒餡的就是饅頭。但是在唐朝時，這包子、饅頭是同一種東西。因為在唐朝時期，還沒有包子這個詞，真正出現這個詞已經到宋朝了。

　　唐朝的饅頭一般用麵粉、水甚至糖揉成麵團，然後上蒸籠蒸熟，這個做法倒是古今一致，現在也有加糖蒸出來的饅頭。唐朝饅頭的外形有長有圓，有半球有整個球，一般都是在裡面加入餡料的，比如肉、菜、豆、蓮蓉。放到現在也就是肉包、菜包、豆沙包，而在唐朝，這些統統都稱

為饅頭。

以前我們在看武俠片的時候，常常覺得奇怪。為什麼那些大俠總是在懷裡揣上兩個饅頭當作乾糧，他們不覺得乾巴嗎？現在看來，他們揣的饅頭，很有可能就是這種帶餡的，隨身帶著，餓的時候有飯有菜，也算齊全了。

由於唐朝的影響非常廣，這種食物及其名稱也隨著唐朝文化的廣泛傳播，流傳到了亞洲的日本和韓國等地，直到今天日本和韓國也仍然稱包子為饅頭，他們去祭拜神靈或者祖先的時候，都會把肉、菜，裹在麵團裡，放在祖先的靈前，或者神像前。而平時在路上碰到賣這種小吃的，也都是叫饅頭，而不叫包子。

日本旅遊勝地草津，有一種特產——「溫泉饅頭」，就是類似於豆沙包的東西，它是一種用稍帶甜味的點心皮包裹豆沙餡或白色豆餡製成的日式點心，在日本是十分有名的。這個恐怕就是受到唐朝的影響，而流傳至今的吧。

你可能覺得光吃饅頭太乾巴了，那就準備來碗餛飩吧。在端上來之前，你已經做好了十足的心理準備，也許端上來的不是一碗餛飩，而是一盤水餃，因為在穿越之前，你就做了功課，知道在古代水餃和餛飩是沒有什麼區別的，特別是在南方地區。

然後，你會發現，你又一次失算了。在你眼前的就是一碗餛飩，餡大、皮薄，看著就讓人有食慾，放到嘴裡，肉丸又彈又滑，真是一種美味。

的確，在唐朝之前，餛飩和餃子的確是沒有什麼太大區別的。餛飩出現的時間要比餃子早一些，早在西漢時期，北方人就已經開始吃餛飩了，因為古代中國人認為這是一

種密封的包子，沒有七竅，所以稱其為「渾沌」，依據中國造字的規則，跟食物有關的字，要加上偏旁「食」，所以後來才有了「餛飩」二字。而到了東漢時期，張仲景才發明了餃子。

　　雖然這兩種食物在烹飪、製作上沒有什麼太大的區別，但是餛飩卻在南方發揚光大，餃子則成為北方老百姓過年、過節常吃的食物。到了唐朝的時候，這兩種食品終於被正式地區分開來，有了正規的稱呼。

◆1972年於新疆阿斯塔那墓地出土的唐朝時的麵食，其中不乏製作精細的饢、各色花式的糕點等，再現了古代先民的飲食構成。

三、先生，請放開那頭大象

野味

　　上面所講的，都是我們日常的食物，除了這些在我們看來已經習以為常的食品之外，你可能會被唐人吃的那些野生動物嚇到。因為並不像我們現在這樣提倡保護野生動物，那個時候吃山珍海味對人們來說是再正常不過的了。不光富戶人家可以吃到這些珍饈美味，也有一些獵人把捕獲來的野生動物進行販賣，因此即使是尋常百姓也是可能吃到的。

　　那個時期在北方，人們會將駱駝作為主要的肉食來源。特別是駝峰，他們會拿來烤或者煮食。在我們聽來這絕對是不可思議的事情，現代素食主義者或者動物保護組織可能會對此表示嚴重抗議吧。但如果你想到你所在的時代是唐朝，那麼你也就釋然了。為什麼有錢人中胖子比較多？就是因為他們吃肉比吃菜多，對於唐朝的富人來說，他們都屬於無肉不歡的主兒。就像剛才說的駱駝，其實在他們眼裡，吃個駱駝什麼的那都不算什麼，天上飛的，地上跑的，水裡游的，不管你是山中野獸林中燕，還是陸地牛羊海裡鮮，只要是活物，沒有什麼是入不了他們嘴的。從某些方面來說，當代的「吃貨」們都會對那個什麼都能吃的時代，感到羨慕非常。

說到這裡，我們對於唐朝的那些食物還是抱著樂觀態度的，但真到了那邊，恐怕就不是你想像的那個樣子了。很多東西你是根本就入不了嘴的，比如說蟑螂。

　　大家都知道蟑螂這種生物生命力頑強，而且到處可見。據說牠們富含蛋白質，但真的要你吃這種東西來補充蛋白質，你入得了口嗎？但在唐朝時候，西南蜀地的人就有炒食蟑螂作為下酒菜的。怎麼樣，聽了以後有沒有一種汗毛直豎的恐怖感？

　　同樣的東西，還有竹鼠和田鼠，據傳東北各州會將竹鼠作為貢品進給朝廷。

　　除此之外，還有大象。如果你看到大象出現在你的餐桌上，而且還是大象身上讓你感到最可愛的部位——象鼻，烤熟的象鼻，你還能淡定嗎？聽說這種食物香脆可口，深受唐朝的皇宮和大富人家的喜愛。

　　還有猴子。當你看到這種動物被人喝了腦漿，會不會覺得很殘忍呢？在唐朝時候，南方人喜歡用猴腦做湯，據說是一種大補食材，還有人用一種叫作長鼻猴的肉做湯喝。

　　還有孔雀，這種美麗的生物在唐朝也成為了桌上美食，東南部的一些原住民會吃當地盛產的綠孔雀，根據史料記載，孔雀的肉和鴨肉極其相似。還有人將孔雀肉做成肉乾，以便於攜帶。

四、舌尖上的點心

　　吃了主食，也吃了主菜，恐怕大家就想吃一些飯後甜點了吧。但是所謂甜點，其實是西方的說法，在西方吃完正餐之後，都會來上一道甜食作為飯後的休閒食品。而在以前的中國，點心基本就是包子、饅頭、餅之類的東西。到了唐朝，由於中國茶文化的發揚，有了一種專門佐茶吃的點心，也就是茶點。

　　粉果、驢打滾、糖耳朵、雲片糕，都是人們熟悉的中式點心，而這些點心最早都是茶點。由於地域的不同，茶點也有了南北的分界，表現出各不相同的口感和品味。

　　以廣東為首的南方地區的茶點口味偏甜，有帶甜味的綠豆蓉餡餅，也就是人們現在常吃的綠豆餅；有加了椰絲的椰蓉條，和現在吃的椰蓉條大致一樣；還有很多我們現在也依然在吃的東西。廣東的茶點文化一直很著名，即使到了今天，很多廣東、福建等地的人依然保留吃早茶和晚茶的習慣，而茶點的種類也在古代的基礎上豐富了很多。

　　而以北京為首的北方地區，也有飲茶的習慣。但和廣東的工夫茶不同，北京人更喜歡喝大碗茶，配以驢打滾等小吃。當然這些也都是從清朝時期才被人廣泛接受的。

而唐朝時，長安的茶點主要有粽子、糕餅、蒸筍，還有胡食。前面我們也介紹過，唐朝的創立者李淵是胡人起家，因此，胡人的風俗習慣在唐朝還是十分盛行的，在飲食上也是如此，一些胡人的零食、茶點也就成為了唐朝宮裡人喜歡吃的點心。比如胡餅、搭納或者是勒漿。至於這些東西到底是什麼，口感是什麼樣子，恐怕只有你穿越到那裡，親自坐在餐桌前品嘗過之後，才能評價了。

　　唐朝時期的茶點不僅對現代中國人產生了深遠的影響，還傳到了日本。日本現在流行吃的「和果子」，也就是日本點心，就是由「唐果子」而來的。曾經很有名的日本和果子師要奉一個叫林淨因的中國人為祖師爺。「唐果子」經過改良，又融合了南蠻點心、西洋點心的特點，就發展成今天日本著名的「和果子」了。所以說，日本在各方面受唐朝的影響都是蠻大的。

五、飯後一個果，醫生遠離我

水果

　　主食、主菜、甜點都吃完了。我們就可以美美地吃上一份水果，來結束我們的饕餮盛宴了。有句話說「飯後一個果，醫生遠離我」。雖然不知道這種說法到底是對還是不對，但水果的營養價值卻是不言而喻的。很多水果都有藥用價值，對於一些疾病也都有很好的食療作用。

　　唐朝時，交通不像現在這麼發達，而很多水果都產於南方，因此北方的人想吃點南方的水果那可是相當難。不用說普通人，就連楊貴妃想吃新鮮的荔枝，也並不是一件容易的事情。

　　大家都知道唐明皇的愛妃楊玉環喜歡吃荔枝。荔枝生長在嶺南一帶，與唐朝的都城長安相距甚遠。唐玄宗為了讓楊貴妃高興，能夠吃到新鮮的荔枝，就命人快馬加鞭，日夜不停地把荔枝從嶺南送到長安。

　　唐代詩人杜牧在他著名的七言絕句《過華清宮》中寫道：「長安回望繡成堆，山頂千門次第開。一騎紅塵妃子笑，無人知是荔枝來。」寥寥幾筆，就寫出了當時北方人想吃南方水果的困難程度，連貴妃尚且如此，普通老百姓更是沒有這個口福了，所以如果你穿越到的地方是北方，

還是個愛吃荔枝的人的話，勸你還是打消這個念頭吧。

不只是荔枝，柑橘、枇杷、龍眼，這些也都產自南方。南方的婦女們在吃水果上也有著與眾不同的方法。她們把橘子雕成花、鳥的形狀，然後和蜂蜜一起煮熟了吃，這樣不僅味美，還可以養顏，很受人們的歡迎。還有一種叫作橡子的東西，不僅可以止渴，還能治療腹瀉。

看到了嗎？說到唐朝的水果，還是南方產的比較多，而且香甜可口。如果你是一個超級喜歡吃水果的人的話，你在穿越的時候，一定要考慮好，選擇好自己的路線，免得一不小心穿越到了北方，變成一個連新鮮、愛吃的水果都吃不到的乾癟缺水美人或帥哥。

當然，如果你不是那麼挑剔的話，你在北方還是能吃到桃子、蘋果、石榴等水果的，在筆者看來，這些水果的水分還是很足的，吃到嘴裡雖然說沒有什麼新奇感，但那個時候的水果可都是真真正正，天然無公害的綠色食品哦。

除了上面提到的那些，還有吃曬乾的黃蜂幼蟲的，有將蟒蛇的肉切碎用醋調味做成美食的，還有螞蟻蛋做成的鹹味湯。這些符合那些平時就喜歡獵奇的人的口味，如果你屬於這種人，那麼恭喜你，到了唐朝，你可以大快朵頤了。一些你平常沒吃過的，或者是見都沒見過、聽都沒聽過的食物在唐朝一點都不奇怪。

唐朝在飲食上，可以說是做到了包羅萬象，讓世界為之驚歎。

◆元代白樸雜劇《梧桐雨》的版畫所描繪的，正是唐朝時期
為楊貴妃千里送荔枝的事，「一騎紅塵妃子笑，無人知是
荔枝來」。

6.

煮

酒論英雄──酒水篇

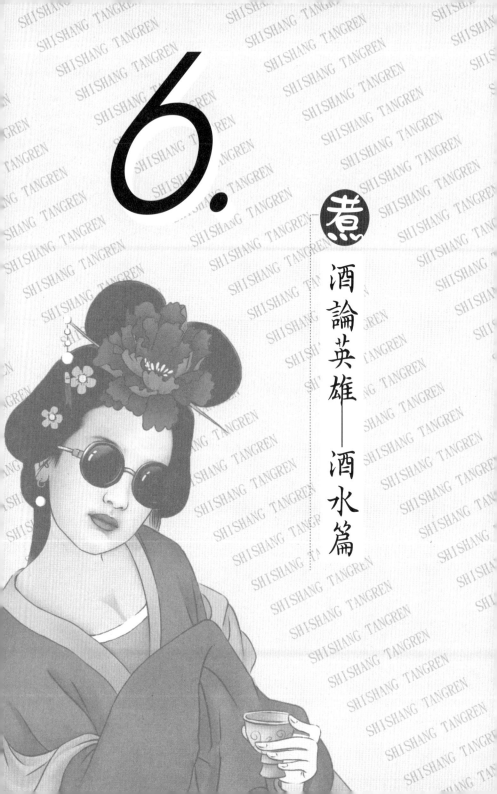

一、李白一斗詩百篇

　　無論是三國時期劉備和曹操的「煮酒論英雄」，還是唐朝時期大詩人李白的「一斗詩百篇」，中國的文化中一直都少不了酒的影子，酒文化在歷史中閃爍著璀璨的光芒。而正因為有「李白一斗詩百篇」的說法，所以在詩歌異常繁盛的唐朝，酒文化更加得到了長足的發展，成為唐朝歷史上濃重的一筆。

　　常常有人說，「文學中最癲狂的就是詩，飲品中最癲狂的就是酒」，雖然歷朝歷代也都有酒後賦詩的傳統，但真正讓酒和詩渾然一體的，唯有在中國文學史上詩歌最為繁榮的唐朝。

　　唐朝大詩人，和李白並稱「李杜」的詩聖杜甫有一首《飲中八仙歌》。說起這「醉八仙」，那可都是在唐朝赫赫有名的人，而既然談到了酒，那就不能不對他們大書特書了，為了讓大家進一步瞭解這幾個人，知道他們到底是誰，又為什麼會一起被稱為「飲中八仙」，我們得先來看看《飲中八仙歌》的全文。

飲中八仙歌

知章騎馬似乘船，眼花落井水底眠。

汝陽三斗始朝天，道逢麴車口流涎，恨不移封向酒泉。

左相日興費萬錢，飲如長鯨吸百川，銜杯樂聖稱避賢。

宗之瀟灑美少年，舉觴白眼望青天，皎如玉樹臨風前。

蘇晉長齋繡佛前，醉中往往愛逃禪。

李白一斗詩百篇，長安市上酒家眠，天子呼來不上船，
自稱臣是酒中仙。

張旭三杯草聖傳，脫帽露頂王公前，揮毫落紙如雲煙。

焦遂五斗方卓然，高談雄辯驚四筵。

◆圖為明朝杜堇繪《古賢詩意圖》局部。此卷共九段，此畫
為其中之一，是人物最多的一幅，頗為熱鬧，把賀知章、
李璡、李適之、崔宗之、蘇晉、李白、張旭、焦遂的各種
醉態按詩意畢露於白描之中，耐人尋味。

　　要不，怎麼說杜甫能稱得上詩聖呢。這首詩只用了一百
多字，就把幾個人的醉態酣暢淋漓地描寫出來。即使我們
當時並沒在這些人的左右，也彷彿身臨其境般感受到這些

人或觥籌交錯，或自斟自飲的逍遙自在。

到了明代，甚至還有人根據這首詩所描繪的情景畫出了一幅在歷史上也同樣著名的《飲中八仙圖卷》。不得不承認杜甫在這首詩中所描繪的，堪稱栩栩如生。

詩中所說的醉八仙分別是賀知章、李璡、李適之、崔宗之、蘇晉、李白、張旭和焦遂。

這首詩之所以會把賀知章放在第一位，是因為他的資格是最老的，就算不按資排輩，單論歲數，這位仁兄也要比李白大了四十二歲，所以把他放在第一位是理所應當。而其他幾個則是從王公宰相一直說到布衣。這八個人的醉態各有特點，用現代的話來說，就是用漫畫素描的手法，來寫眾人的平生醉趣，充分表現了他們嗜酒如命、放浪不羈的性格，生動地再現了盛唐時代文人士大夫樂觀、放達的精神風貌。

現在已經知道這首詩中所提到的人物有哪些，那麼接下來，我們就要去認識一下這幾個人，萬一將來有機會穿越，那些喜愛喝酒的人也可以找這幾個人一起拼酒論文了。

剛才我們說，這首詩首先講的是賀知章。說起賀知章，一定有很多人最先想起的，就是學生時期學過的那首著名的《詠柳》：「碧玉妝成一樹高，萬條垂下綠絲絛，不知細葉誰裁出，二月春風似剪刀。」這首連小學生都能倒背如流的唐詩就是出自這位名叫賀知章的人之手。唐朝的詩酒交融，並不是浪得虛名，越能夠寫出一手好詩的人，就越是能喝，這在唐朝好像已經成了金科玉律了。

賀知章這個人，生性放蕩不羈，喜歡無拘無束的生活，從他給自己取的別號「四明狂客」，就能看出他是一個「不

走尋常路」的人。而這類的人，一般都喜歡大口喝酒、大碗吃肉，這位自然也不例外。於是，就有了詩中開頭所描述的景象。

在《舊唐書・文苑・賀知章傳》中曾這樣形容他：「醉後屬詞，動成卷軸，文不加點，咸有可觀。」意思是說他在酒後借著酒勁作文根本不需要思考，完全憑著性子，直到紙都用光了，才算寫到頭。所以，有這勁頭的他被排在第一位也就可以理解了。

詩中第二個提到的人是李璡，這個人我們在講唐朝服飾的時候曾經提到過，當時曾說他喜歡在頭上戴花，自己還美其名曰「花奴」，單是從他這與眾不同的愛好，我們也大致能夠想像出他有多麼放浪形骸了。再加上他是唐玄宗的侄子，仗著身分與別人不同，日常行為也就更加我行我素。在杜甫的《八哀詩・贈太子太師汝陽郡王璡》中，有「主恩視遇頻」「倍此骨肉親」等句，也明確表現了李璡在唐玄宗心目中的特殊地位，這也就使得汝陽王不管在什麼時候，都喜歡喝上一杯，即使是將要去面見皇帝，也不會去刻意節制。最霸道的一次，當數他剛剛喝過三斗酒之後到朝堂朝見皇帝，這氣量和膽識也是非同常人的。

這位爺愛喝酒到了什麼程度呢？據說他曾經在路上看到了運送酒桶的車，竟然站在車邊對著一個個裝滿酒的酒桶流起了口水。喂，你好歹是個王爺好嗎，想喝酒什麼時候都能喝啊，這樣實在太難看了！但這位爺就是這麼個愛酒如命的主，你還真就拿他沒有辦法。他一激動險些把自己的封地都移到「城下有金泉」的甘肅酒泉去了。雖然，杜甫的詩是形容得誇張了點，但若結合這位王爺日常的各種

行為，你會覺得杜甫的形容不但頗為貼切，而且十分真實。所以說，如果你一不小心穿越到了唐朝，又一不小心和這位王爺結交，你還真得掂量一下自己的酒量，是否能和他拼過三巡。

接下來要說的這個人叫李適之，他在唐朝也算是個鼎鼎大名的人物，曾經在西元742年代出任左丞相。這位爺也是個性情中人，因為他在朝中位居高位，再加上平日裡為人和善，十分好客，因此家中的賓客不斷。傳說他平日裡光是喝酒就得花費數萬錢，喝下的酒的量就和鯨魚吞吐的水量一樣。

如果以為因為他好喝，就會耽誤工作，那樣你就大錯特錯了。李適之絲毫沒有耽誤正常的工作，因為人家在上班的時候可是從來不飲酒，向來都是忍著酒癮等到下班的。只不過，他每天剛一下班到家，把衣服換了就會開始喝，這得有多大的癮啊！

《新唐書・李適之傳》中曾這樣描述他：「喜賓客，飲酒至斗餘不亂。夜宴娛，晝決事，案無留辭。」怎麼樣，你不佩服不行吧？就這麼喝，人家該辦的事也一定給你按時辦完，今日事今日畢，絕不留有餘患，就算人家真的愛好喝酒，也讓人無法對此指手畫腳。

不過，這種夜夜推杯換盞的好日子並沒有過多久，就被歷史上著名的奸相李林甫給結束了。因為李林甫從中作梗，李適之這個左丞相被唐玄宗罷免了。雖然被罷免的事情並沒有耽誤這位前左丞相的酒興，他仍然時不時地和親朋好友共聚一堂，吃飯喝酒，但是每當想起被罷免的事情，他的心裡就難免會有些鬱悶。所以在一次喝酒之後，這位爺

被氣得揮筆寫下了「避賢初罷相，樂聖且銜杯，為問門前客，今朝幾個來？」這樣的詩句，詩中一方面透露出他對李林甫這個奸相的不滿，另一方面也表達了他對於那些在他當高官時就過來巴結，如今則避之唯恐不及的小人的蔑視。不過，抱怨歸抱怨，如果真的因為這些人而掃了自己的酒興，那未免太不值當。於是，他很快就將這件不開心的事情忘記了。

以上提到的三個人，在當時的唐朝社會算是官門中人。而之後將要提到的崔宗之和蘇晉這兩人則都為名士。

名士這個詞是從魏晉時期開始使用的，現在我們也常常說魏晉多名士。名士從字面上來理解就是有名的人，那個時候的名士們有聲望，有影響力，卻不願步入仕途，大多過著隱居的閒雲野鶴的生活，雖然性格古怪，但他們大都風流倜儻，博學多才。正所謂「古來聖賢皆寂寞，惟有飲者留其名」。正因為這些人都過著與世隔絕的生活，所以並不為人所熟知，真正能留下美名的人，都是那些喜歡以酒為伴，寄情於美酒之人，而崔宗之和蘇晉二人就恰好屬於這一類。

話說崔宗之這個人，如果放在我們現在這個年代，那絕對是一個標準的美男子。什麼英俊瀟灑，風度翩翩，美少年等等，無論什麼樣的誇讚之詞，放在他身上都不為過。歷史上「玉樹臨風」這個詞就是為他而生的，也是在《飲中八仙歌》中首次出現，以至於後來大家在形容男人帥氣的時候，都會想到這個詞。

不過就這麼個美男子，偏偏有一個不招現代女生待見的嗜好，就是喝酒。

同樣是喝酒，不同人喝卻能給人不同的感受。我們經常會說「不同人有不同的待遇」，更何況是一位美男子呢？別說是喝酒這等小事了，就算是犯了什麼大錯，在很多女孩子的眼裡，那也不算過錯，相反的可能還會覺得這個男人別有一番「男人味」。

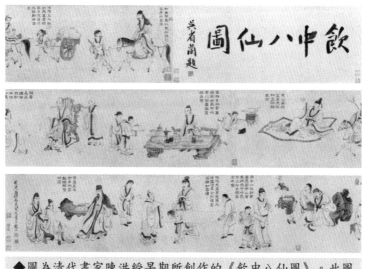

◆圖為清代畫家陳洪綬早期所創作的《飲中八仙圖》。此圖採用白描的手法，將唐代八位大詩人吟詩、醉酒的生動情態生動地表現出來。

　　其實崔宗之愛喝酒這件事情，也不能完全怪他，誰叫他有一個號稱「酒仙」的好朋友？那個人就是李太白，李大詩人。這兩個人興趣相投，所以經常湊在一起喝上幾個回合，這位美男子的酒量就在二人的推杯換盞，你來我往中變得越發驚人。

　　不管怎麼說，崔宗之都是一個好酒之人，但因為人長得

標緻，這喝酒也自然不一樣，要不杜甫也不會在詩中用「舉觴白眼望青天，皎如玉樹臨風前」這麼美好的詩句來描寫他了。酒杯、青天、明月、美男子，這四種世間美好之物交融在一起，得是多麼美好的一個畫面，讓多少女子為之流口水啊！想必杜甫在描繪他的時候，心裡也不禁產生了神往。

再來說一說蘇晉，歷史上對這位仁兄的記載並不是很多。只是說他數歲能屬文，作《八卦論》。當時的吏部侍郎房穎叔以及祕書少監王紹看到他的文章後都不禁感歎：「後來之王粲也。」看到這裡，可能會有人一愣，繼而問道：「這王粲是誰？」

在三國時期，不，應該說是在東漢末年，有七個人因為在文學上的出色成就，被世人稱為「建安七子」，王粲就是「建安七子」之一，可想而知，他在文學上的造詣定然是相當了得的。而蘇晉既然能被人類比為王粲，足見其功力的強大。據寥寥無幾的史料記載，蘇晉先是中了進士，之後又科舉登科，後來還曾為唐明皇的監國，可見他真的算得上一個十分厲害的人物。

傳說他崇尚禪學，喜好素齋，但同時卻又嗜酒如命，從這兩點來看，他還真是一個矛盾的結合體。雖是如此，但這兩點放在他的身上，好像又並不衝突，他也算是做到了「酒中」「逃禪」，「酒肉穿腸過，佛祖心中留」。

瞭解了上面的五個人之後，終於到了我們最熟悉，甚至可以說是熟悉到幾乎每個人都能背誦他一首古詩的唐代大詩人，被人稱為「詩仙」「酒仙」「劍仙」的李白。李太白大人就要閃亮登場了！還不鼓掌歡迎？

李白的生平，筆者即使不刻意強調，也能有一大堆人對此如數家珍，因為李白在中國的文學史上實在是太有名了。恐怕每一個對唐朝充滿嚮往的人，一定都會幻想著有朝一日能與這個偉大的人物見上一面吧？而關於他的故事，就是筆者在這裡講上三天三夜，也沒辦法全部講完。不過，既然我們主要講的是「酒」，那麼現在還是單來說一說李白和酒的淵源吧。

　　正如杜甫所說「李白一斗詩百篇」，事實上李白和他的詩都跟酒有著不解之緣。李白自己也說「百年三萬六千日，一日須傾三百杯」。雖然說一日三百杯有些誇張，但他總歸是一個十分能喝酒的人。而且他還有一首十分著名的《將進酒》，寫道：

　　君不見黃河之水天上來，奔流到海不復回？

　　君不見高堂明鏡悲白髮，朝如青絲暮成雪。

　　人生得意須盡歡，莫使金樽空對月。

　　天生我材必有用，千金散盡還復來。

　　烹羊宰牛且為樂，會須一飲三百杯。

　　岑夫子，丹丘生，將進酒，杯莫停。

　　與君歌一曲，請君為我傾耳聽。

　　鐘鼓饌玉何足貴，但願長醉不復醒。

　　古來聖賢皆寂寞，惟有飲者留其名。

　　陳王昔時宴平樂，斗酒十千恣歡謔。

　　主人何為言少錢，徑須沽取對君酌。

　　五花馬，千金裘，呼兒將出換美酒，與爾同銷萬古愁。

　　整首詩，除了前兩句之外，幾乎句句都沒離開過「酒」字，足見酒在李白生活中的重要性。

不單是此首，再看他的那些作品，幾乎首首都跟酒掛鉤。比如「舉杯邀明月，對影成三人」，比如「且樂生前一杯酒，何須身後千載名」，還有「蘭陵美酒鬱金香，玉碗盛來琥珀光」，等等，實在是多得讓人數不出來。

雖然李白的詩大多與酒有關，但在這些詩篇中，我們卻很少能感受到「愁」的氣息，這點和很多文人是不同的。李白喝酒是單純地為了喝酒而喝酒，想喝就喝，隨時起興隨時喝，而不是像其他文人那樣為了消愁而喝酒。

在李白的詩中，完全沒有那種「酒入愁腸化作相思淚」的悲苦感，即使是在《宣州謝朓樓餞別校書叔雲》中有「棄我去者，昨日之日不可留，亂我心者，今日之日多煩憂」「抽刀斷水水更流，舉杯消愁愁更愁」這種詩句，也完全沒有煩擾苦悶，或是陰鬱這樣的負面情感，甚至在詩句的結尾處釋放出一種更加自然奔放的感情。

因為李白喝酒皆是豪飲，所以在他寫的詩中，自然而然也會帶著一些豪氣。而杜甫是李白的好友，自然對李白的性格瞭解得一清二楚，因此才能在詩中僅用短短四句話，就將李白的豪情萬丈表現得淋漓盡致。一個神采奕奕、超凡脫俗、充滿豪氣、富有俠客色彩的李白就這樣躍然於紙上了。

緊隨李白其後的這個人名叫張旭，是一個以草書聞名於世的書法大家。在當時，他的草書與李白的詩、裴旻的劍舞並稱「三絕」。

說起這個人，請允許我用文學藝術圈裡一朵瑰麗的奇葩來形容他。這個人其實沒什麼別的不良嗜好，就是愛喝酒。有時候喝多了還會一邊高聲叫喊，一邊疾走如風，之後會

開始提筆寫字，寫到興頭上，還有可能會用頭髮沾著墨來寫字。旁人看到這種情景，都傻了眼，覺得他的這種行為實在是癲狂，因此給他取了個名字叫「張顛」。

但不可否認的是，張旭絕對是一位純粹的藝術家，他把滿腔的熱情都傾注在點畫之間，在他寫字的時候，能夠做到旁若無人，如醉如癡，如癲如狂。唐朝的散文家韓愈在《送高閑上人序》中稱讚張旭：「喜怒窘窮，憂悲、愉佚、怨恨、思慕、酣醉、無聊、不平，有動於心，必於草書焉發之。觀於物，見山水崖谷、鳥獸蟲魚、草木之花實、日月列星、風雨水火、雷霆霹靂、歌舞戰鬥、天地事物之變，可喜可愕，一寓於書，故旭之書。變動猶鬼神，不可端倪，以此終其身而名後世。」這正是一位真正的藝術家對藝術執著追求精神的真實寫照。難怪後人論及唐人書法時，對歐、虞、褚、顏、柳等均有褒貶，唯對張旭無不讚歎不已，這樣的事情，在藝術史上是絕無僅有的。而張旭也被後人尊稱為「草聖」。

二、鋒芒不讓李杜

詩酒文化

　　除了「飲中八仙」之外，唐朝詩酒文化的代表人物還有很多。不用提別人，《飲中八仙歌》的作者杜甫也是一位好飲之人。據資料統計，在杜甫現存的一千四百多首詩文中，談到飲酒的共有三百首，可見他也是位「詩隨酒興」「酒助詩狂」的人，如若不然，恐怕也不會寫出被酒客推崇備至的《飲中八仙歌》了。

　　也許是李白和杜甫二人的大名在中國的文學史上太過耀眼，以至於很多在當時也很傑出的詩人都被掩蓋在這二位的燦爛星光之下。事實上，放眼整個唐朝的詩壇，你會發現，愛喝的主兒並不僅限於杜甫和他詩中所提到的那些人。為了讓其他愛喝的唐朝詩人也能露露臉，我們不妨現在就來看一看那些被我們忽略的詩酒客吧。

　　白居易可能是除了李白、杜甫之外最為人們所熟知的唐朝大詩人。他的很多詩歌在現代也是膾炙人口的。但是在他所寫的眾多詩篇中，與酒有關的詩篇，或許並不為我們所熟悉。

　　在他的《問劉十九》這首詩中這樣寫道：「綠蟻新醅酒，紅泥小火爐，晚來天欲雪，能飲一杯無？」詩中的這

個「綠蟻酒」很惹人垂涎，甚至直到今天，仍有很多人想研究這個「綠蟻酒」到底是怎麼做出來的。

其實「綠蟻酒」並不像字面的意思那樣，是用綠蟻泡出來的酒。真正的綠蟻酒其實是一種米酒。這種酒是青綠色的，在酒面上有一層像螞蟻般漂浮的米粒。但很多人實驗之後，做出來的卻只是淡黃色的醪糟米酒，從來沒見過有人真正弄出「綠蟻酒」來。看來，如果真想做出詩中所說的酒，除了穿越回去親口問他之外，就只有等著他來托夢了。而在白居易的詩中，屢次提到了這種「綠蟻酒」，在《六年冬暮贈崔常侍晦叔（時為河南尹）》中，他也寫過「香開綠蟻酒，暖擁褐綾裘」，「綠蟻酒」再一次呈現在我們眼前。

除了「綠蟻酒」，在他的《戲招諸客》中還有「黃醅綠醑迎冬熟，絳帳紅爐逐夜開」的詩句，其中的「黃醅」「綠醑」都是酒，只不過在今天，我們恐怕再沒有機會品嘗當時那些詩酒客口中的美酒了。

從這些詩中，我們不難看出，那時的釀酒工藝和今天比起來絲毫不遜色，甚至在某些方面可能還超過了今日。

三、特供總是那麼迷人

官營、私營和自釀

　　詩酒文化在唐朝之所以能夠這麼發達，與當時社會的發達是密不可分的。在唐朝時期，酒的出產途徑多種多樣。有官家專門製造的、有民營釀酒廠釀造的，也有自家釀酒供應給鄉鄰的。

　　。那個時候官家的特供酒有一套嚴密的生產工序和加工體系，那時有「造出不合格的酒就要殺頭」的說法，由此看來，那時的造酒工序肯定要比現代嚴格很多。整體來說，特供酒分為皇族特供酒和地方特供酒兩種。雖然都叫特供酒，但是這些酒最後的流向並不一樣。有些供給皇族，有些則供給各州府。

　　特供酒在唐詩中也有所體現，在《陪遊上苑遇雪》一詩中有「花光並在天文上，寒氣行銷御酒中」；宋之問的《奉和聖制閏九月九日登莊嚴總持二寺閣》中也有「帝歌雲稍白，御酒菊猶黃」這樣的詩句。

　　除此之外陳子昂的「且歌玄雲曲，御酒舞薰風」，岑參的「玉饌天廚送，金杯御酒傾」，這些都是描寫御酒，也就是我們所說的特供酒的詩句，所以說唐代詩酒交融並非浪得虛名。

◆圖為唐代長安韋氏墓地壁畫中的《野宴圖》，描繪的大概是曲江宴的一幕場景，圖中畫著九個男子，圍坐在一張大方桌旁邊，案上擺滿了肴饌和餐具。人們一邊暢飲，一邊談笑，好不快活。

　　而地方的官酒，則是指各官營州鎮自釀的酒。白居易在他的詩中提過這種地方官酒，如他在《府酒五絕》中曾寫道：「自慚到府來周歲，惠愛威棱一事無。唯是改張官酒法，漸從濁水作醍醐。」

　　在元稹的詩中也有「院榷和泥鹼，官酤小曲醨」「官醪半清濁，夷撰雜腥膻」，從這些詩句中我們或許可以瞭解到以下的資訊：和御酒相比，地方的官酒品質要相對差很多。究其原因，應該和地方釀酒工藝不高，而且要求也沒

有御酒生產那般嚴格有很大的關係。

相比御酒和地方官酒，民營酒坊則要顯得平易近人多了。唐朝時期的民營酒坊基本都是集釀酒與售酒於一體的店鋪，除了酒坊外，這些店鋪還有很多別稱，如酒肆、酒樓、酒家、酒舍、旗亭。在這些地方，你也能買到上好的酒，如花雕、女兒紅。

韋應物在《酒肆行》中寫道：「豪家沽酒長安陌，一旦起樓高百尺。碧疏玲瓏含春風，銀題彩幟邀上客。回瞻丹鳳闕，直視樂游苑。四方稱賞名已高，五陵車馬無近遠。晴景悠揚三月天，桃花飄姐柳垂筵。繁絲急管一時合，他壚鄰肆何寂然。主人無厭且專利，百斛須臾一壺費。初醅後薄為大偷，飲者知名不知味。深門潛醞客來稀，終歲醇醲味不移。長安酒徒空擾擾，路傍過去那得知。」

這首詩以簡練的語言反映了當時民營酒坊的經營情況。在唐代，凡是賣酒的商戶都可以做到自產自銷，而且這些地方也提供飲酒的處所，換句話說，它們是普通百姓飲酒作樂可以去的最好場所，也是日常購買酒水的主要場所。

說了官釀酒、民營酒，我們再來說說這家釀酒。家釀酒正如字面顯示出來的意思，是自己在家用傳統釀酒工藝製造出來的，主要供自己飲用的酒水。和我們現在一樣，家裡自製的東西一般要比從外面買回來的健康、衛生。當時的百姓在製作家釀酒的時候，不會少料摻假。因此，唐代的家釀酒一般都具有較高的品質。

正所謂「酒香不怕巷子深」，有一些家釀酒更是因為其香醇而遠近聞名，使得街坊四鄰紛紛前往購買。如白居易《詠家醞十韻》的詩後注中有「水用九月九日，曲用七月

上寅」；孟浩然的《裴司士員司戶見尋》中有「府僚能枉駕，家醞複新開」；白居易又有詩云：「家未苦貧常醞酒，身雖衰病尚吟詩」「莫愁客來無供給，家醞香濃野菜香」；劉禹錫也在詩中寫「若傾家釀招來客，何必池塘春草生」。

　　有這麼多的詩人對家釀酒讚賞有加，可見家釀酒雖然不如那些特供酒高貴，但是勝在用料貨真價實，不會摻假，因此口味也未必比特供酒差到哪裡去。這種酒除了可以自己在家小酌外，也是款待賓客的上佳飲品。

四、葡萄美酒夜光杯

葡萄酒

　　除了釀酒的途徑比較多之外，唐朝釀酒用的材料也是五花八門，其多樣性和現代的酒相比也絲毫不遜色。有最基本的用穀物釀的酒，還有用水果製成的水果酒，用花草植物釀製的花草酒，甚至還有用動物釀製的酒，可以說釀酒的原料只有你想像不到的，而沒有唐人做不到的。

　　讀書時你們一定都學過王翰的《涼州詞》，詩中寫道：

「葡萄美酒夜光杯，欲飲琵琶馬上催。醉臥沙場君莫笑，古來征戰幾人回？」這裡提到的「葡萄美酒」，就是用葡萄釀製的，跟我們今天喝的葡萄酒相似，其實葡萄酒的飲用在唐朝時期就已達到了一個巔峰。

◆圖為唐代長沙窯青釉醬彩貼塑敞口執壺。現藏於池州市秀門山博物館。

　　葡萄酒真正傳入中國是在西漢時期，是由誰引進來的呢？即使筆者不明說，大家也一定猜到了。沒錯，就是張

騫。張騫在引進葡萄酒的同時，還帶來了釀酒的工藝和匠人，但是葡萄酒真正得到發展，卻是在唐朝。

唐朝以前，人們飲用的酒主要還是用糧食釀造出來的。而在唐朝，人們認為用糧食釀造的酒無論是在色澤、香度還是口感上，都是沒有辦法與葡萄酒相比。

唐太宗李世民更是喜歡自己親手釀造葡萄酒。李世民喝葡萄酒講究氛圍，也注重禮儀和細節，不管是邀月獨飲、宴請群臣，還是與後宮皇妃、李氏家族團聚，都要斟上「千日醉不醒，十年味不敗」的葡萄酒。他甚至還規定和尚也可以喝酒。由此也可以看出唐朝時社會的包容度。

也正是因為有這樣的唐朝盛世，才能使詩酒文化得到長足的進步與發展，而正是詩酒文化的發展才使唐朝成為「前無古人，後無來者」的一個盛世時代。

五、溫酒不傷胃

　　中國人在喝酒，特別是喝穀物釀造的白酒時，習慣將酒燙了之後再飲用。這種好的飲酒習慣正是從唐朝興起的。春夏時期，喝酒不用考慮那麼多，可以拿過來就喝，但是到了秋冬時節，天氣寒冷，如果再這麼飲酒，就會傷害身體。

　　因此，對於在養生方面十分在行的唐人來說，在寒冷的季節喝冷酒可以說是大忌。唐人在喝酒的時候，會先把酒倒在一種特製的器皿中，然後再將這個器皿放到熱水裡燙一燙，之後再喝，這樣喝下去的酒可以溫暖五臟六腑，進而使得身體跟著暖和起來，對健康有很大的好處。

　　唐人的「溫酒」習慣有詩為證，元結的《雪中懷孟武昌》詩云：「燒柴為溫酒」；白居易在《送王十八歸山寄題仙遊寺》一詩中有「林間暖酒燒紅葉，石上題詩掃綠苔」。這些都證明了當時喝燙好的酒是一個約定俗成的事情。而這種喝酒的方法也傳到了後世，現在有很多地方，在冬季到來之時，都會「燙」上一壺酒，再炒兩個下酒菜，一家人坐在一起其樂融融，一邊品嘗美酒佳餚，一邊閒話家常。想必這也是受唐代的影響吧。

六、喝酒也能喝出花樣來

酒具

　　唐朝真的是一個喜歡喝酒的朝代，可以說唐人對於酒文化有獨特的研究。

　　唐人為了能夠更好地喝酒，不僅發明出各式各樣的器具，而且還發明出喝酒時玩的遊戲，不得不說唐代在某些方面確實是挺厲害的。

　　比如「貞觀之治」時期，有一些能工巧匠竟然發明了能夠自動斟酒的機器。

　　西元647年裡的某一天，李世民在皇宮裡舉辦了一場盛大的宴會，目的是招待幾位來自中亞部落的首領。宴會上，李世民為了顯示自己的國家是一個有著幾千年文明的泱泱大國，下令在宮殿大廳的正中央擺上一個高架，然後在上面放置用銀製造而成的大酒罐。

　　只看著這一套裝備，你可能還看不出此器物究竟有何玄機，但等筆者解答過後，你一定會拍手稱奇。

　　其實在那個高高的大架子中隱藏著水管，而那水管與宮殿東面的一個酒池相連接。

　　酒能夠通過水管從酒池進入放置在高處的酒罐，等酒罐中的酒達到一定量的時候，酒罐就會自動傾斜，這樣酒就

能夠傾洩到早已放好的容器中。然後宮女們再用長柄勺子把酒盛到賓客的杯中。

　　看到這裡，你是不是已經開始佩服古人的智商了呢？不只是你，當時在場的外國使節也為這種精湛的工藝叫好，也難怪大唐能發展成天朝上國了。

七、水村山郭酒旗風

酒幌的由來

　　說了這麼多和酒具相關的內容，我們再來聊點其他的。在前面，我們說到民營的酒坊又叫旗亭，大家看到這個詞的時候可能會覺得奇怪，明明是酒坊，為什麼會叫旗亭呢？

　　不知道大家有沒有發現，在很多武俠小說或者電視劇中，很多酒家都掛著酒幌。這個東西就是在唐朝時期出現的。在唐朝詩人杜牧的《江南春》中有這樣一句詩：「千里鶯啼綠映紅，水村山郭酒旗風。」這裡面提到的「酒旗」，就是我們常說的「酒幡」或者「酒幌」。

　　傳說，在唐太宗時期，有一個做飯做菜好吃得不得了的大廚，在京城長安開了一家飯店。他做的飯菜好吃是遠近聞名的，你要是到了長安不上他家吃一回他做的菜，你都不好意思說你到過長安。這家飯店太有名了，人們一傳十十傳百，最後傳到了李世民的耳朵裡。

　　李世民心想：有這麼好吃的地方，我也得去看看，不然大臣們都吃過，我這個做皇上的卻沒有吃過，那豈不是跟不上潮流了？於是，他也光顧了這家飯店。

　　要知道，皇上來吃飯，那可不是小事，要是伺候不好，飯店沒了不說，還得掉腦袋。不過也不用擔心，因為唐太

宗不是那種蠻不講理，隨便大開殺戒的人。雖是如此，但對普通老百姓來說，第一次見皇上，還是要小心謹慎。因此這個廚師一邊心裡擔心著，一邊小心翼翼地做了很多的拿手好菜，等著皇上品嘗。

飯菜剛一上桌，唐太宗就已經聞到了滿室的菜香。當他吃了一口之後，就徹底被這美味征服了，不禁讚歎道：「真是人間美味啊！」這被大家稱讚的飯菜確實好吃，甚至比皇宮裡的廚師做的菜還要香。

當唐太宗吃完之後，他想了想，覺得自己怎麼也是皇上，來了這家店吃飯的事情，得讓別人知道。於是他就派人做了四個漂亮的幌子賞賜給這個店家。

別的飯店老闆一看，自從皇上賞賜的幌子掛在了這裡之後，來這家吃飯的人變得更多了，再這樣下去，自己都沒有活路了。思來想去，別的店鋪想出個主意，也紛紛模仿皇上賞賜的幌子做了類似的，然後掛在了自家飯店前面。這樣別人就無法分辨出究竟哪家是皇上去過的那家了。

當然，這也只是傳說，事實究竟如何，我們已經不得而知。不過，打幌子賣東西確實是商家的一種宣傳手段，並不是任何店鋪，都可以隨便掛幌子的。

一般來說，掛一個幌子的，通常都是賣包子、餃子、油條、豆漿一類的小吃店；掛兩個幌子的賣的東西能多點，但也就是個小炒的水準；至於掛四個幌子的地方檔次那就高了，基本上可以說你要什麼就有什麼了，這樣的店鋪相當於現在的飯店水準。這幌子掛得越多，就說明這飯店的水準越高，規模越大。而插上八個幌子的店就能承辦各種大型宴會、慶典了。

這個好酒的朝代弄出這麼一個東西來區分飯店的水準，
也可以說是特殊時代造就了特殊產物了。

◆圖為唐太宗李世民（599—649），他是唐朝的第二位皇
　帝，在位長達二十三年，他統治時期被稱為「貞觀之治」，
　在他的統治下，唐朝國泰民安，其都城長安也成為當時的
　國際大都市。

八、三陪不一定三俗

這酒也有了，店也有了，咱就該吃吃、該喝喝吧。什麼？你說就這麼乾吃沒意思，怎麼沒有人來陪酒呢？說這話的你可就真的太小看大唐朝了。在這麼發達的朝代，區區一個陪酒人怎麼會沒有呢？

在上面，我們曾提到過在唐朝時就已經有了所謂的「陪酒女」，根據很多唐代史料的記載，在唐朝時的酒店中，有一種專門勸人喝酒的招待，叫作「胡姬」，她們的工作和今天在酒店的酒女或是KTV中推銷酒水的「酒促小姐」差不多。

但與現在不同的是，那時候的胡姬除了長得漂亮外，大都能歌善舞，可以靠自身的才藝來招攬客人。不像現在，推銷酒水的女孩子們為了賣出酒只能靠自己的三寸不爛之舌。遺憾的是有關胡姬的內容在唐朝的正史當中並沒有記載，只有在《全唐詩》等文學作品中，才能見到她們的身影。

初唐詩人王績曾以隋代遺老的身分官待詔門下省，因他每日飲酒一斗，故而被稱為「斗酒學士」。他在《過酒家五首》中最先描寫了唐代城市裡酒肆中的胡姬：「有客須教飲，無錢可別沽。來時長道貰，慚愧酒家胡。」這裡的

酒家胡是指胡人開的酒店,而且錢少了不好意思進門,很顯然有為侍酒的胡姬準備「小費」的意思。

◆圖為胡姬酒肆中跳舞的胡姬。隋唐時期,西域文化包括宗教(如景教、祆教)、服飾(如胡服翻領窄袖)、飲食(如胡餅、燒餅)、繪畫、歌舞、音樂及樂器等一起傳入長安。音樂主要有龜茲樂、天竺樂、疏勒樂、安國樂等。樂器舞蹈也隨之而流行。

由名字也可以看出,唐朝時有陪酒的「胡姬」,並不是漢人酒店的習俗。之所以叫「胡姬」,是因為這種招攬顧客的女子只在胡人開的酒店裡才能看得到。胡人酒店之所

以會這樣做，是因為他們發現自從有了胡姬之後，酒客們便絡驛不絕，讓自己酒店的生意好了很多。

據記載，在唐朝的都城長安，從西市附近到城東面的春明門外，一直向南延伸到曲江池一帶，有很多這種配有「胡姬」的胡家酒店。因此這些地方也就成為當時人們常常光顧、休閒放鬆的好去處。再加上胡家酒店基本都在城門路邊，因此很多為朋友餞行的酒會也都喜歡選在這裡。岑參在《送宇文南金放後歸太原寓居，因呈太原郝主簿》中寫道：「送君繫馬青門口，胡姬壚頭勸君酒。」

酒肆中除了美酒，還有美味佳餚和音樂歌舞。賀朝《贈酒店胡姬》詩生動描寫了胡姬酒肆裡的情景：「胡姬春酒店，弦管夜鏘鏘。紅口羽毛鋪新月，貂裘坐薄霜。玉盤初鱠鯉，金鼎正烹羊。上客無勞散，聽歌樂世娘。」

縱觀《全唐詩》，在詩人中最喜歡光顧胡姬酒店的當數「詩仙」李白了。想想這也很正常，畢竟李白只是單純的好酒之人，他本身也喜歡歌舞，而在胡家酒店不僅可以喝到美酒，還有美人吟歌伴舞，自是別有一番風情。像他這種常年混跡藝術圈的人，又怎麼會不喜歡呢？所以我們在他的詩作中能看出來，他對胡姬的描寫甚多。他指出胡姬常在酒店門口招攬顧客：「何處可為別？長安青綺門。胡姬招素手，延客醉金樽。」（《送裴十八圖南歸嵩山二首》其一）胡姬能招攬顧客，一是憑異國情調的美貌，二是憑高超的歌舞技巧。

李白在《醉後贈王曆陽》中寫道：「雙歌二胡姬，更奏遠清朝。舉酒挑朔雪，從君不相饒。」他在另一首詩《前有樽酒行·其二》中又寫道：「琴奏龍門之綠桐，玉壺美

酒清若空。催弦拂柱與君飲，看朱成碧顏始紅。胡姬貌如花，當壚笑春風。笑春風，舞羅衣，君今不醉將安歸？」由此也能知道，在那時從事這行的胡人女子並不在少數。

胡家酒店生意好的原因之一就在於有美女。有美相伴，天下可忘，對著貌美如花的女子，那些文人騷客也是才思泉湧，因此，在胡家酒店裡也催生出很多優美的詩篇。特別是那些「醉翁之意不在酒」的人，去這種酒店喝酒的原因其實就是迷戀這裡。

據說，家喻戶曉的《西廂記》的故事的原型就是元稹根據自己的親身經歷寫成的。而根據一些專家的考證，得出的結論則是元稹過去的情人，並不是書中所說是大戶人家的「崔鶯鶯」，而是能歌善舞，有著迷人臉龐和笑容的胡姬。

當然，如果單純靠女子的容顏來拉攏顧客，必不會太長久，因為即使再漂亮的容貌，也總有看厭的一天。真正能做到「相看兩不厭」的，恐怕也「惟有敬亭山」了。因此，想要留住客人，最好的方法還是要有好酒。這些胡家酒店裡的酒大都是從西域傳入的名酒，像高昌的「葡萄酒」，波斯的「三勒漿」、「龍膏酒」等。

高昌「葡萄酒」在唐太宗平定高昌後傳入中國。《冊府元龜》記載：「收馬乳蒲桃實於苑中種之，並得其酒法。帝自損益，造酒成凡有八色，芳辛酷烈，味兼緹益。既頒賜群臣，京師始識其味。」這是中原仿製西域酒的開始。順宗時，宮中還有古傳伊朗高原東部古國所釀的龍膏酒。

九、咱們喝得文雅點行嗎？

酒令

飲有美酒，陪有美女，這回總可以開始大喝特喝了吧。喝到興頭上，突然想划上兩拳了，於是對大家說道：「來來來，我們划拳，輸的喝酒。」然後想都沒想就挽起袖子準備和大家拼上一場。

但你要知道，你現在所處的可不是現代，一說到划拳就只知道「哥倆好啊、六六六啊……」這類酒桌遊戲。那是個詩歌盛行的年代，文學藝術圈非常活躍，在那種情況下，就連喝酒喝得都要比其他時候文雅許多。

所以，即使在酒桌上，玩的遊戲也是和現在不同的。比如擲骰子、猜迷語、轉勺子等等，這些遊戲都是酒桌上常見的，但若說到最常玩的，還應屬「行酒令」。

酒令，是古代喝酒的時候常常被拿來助興的遊戲。玩法就是在酒桌上指定一個人做令官，有些類似主持人。然後在這個主持人說令之後，其他聽到令的人就要開始輪流說詩詞。形式有點像我們今天玩的接龍遊戲，接不上來的，或者是違令的人，就要罰酒一杯，所以也有人稱這種遊戲為「行令飲酒」。

根據史料記載，作為古代專門監督飲酒儀式的酒官，最

早出現於西周後期。在《詩・小雅・賓之初筵》中就曾出現過「凡此飲酒，或醉或否。既立之監，又佐之史」這樣的詩句。這裡面所說的酒監、酒史就是酒官，也就是令官。由此可見，酒令起源甚早。在《韓詩外傳》中也有相關記載：「齊侯置酒令，曰：後者罰一經程，酒令之名始此。」

中國的酒令五花八門、包羅萬象，見於史籍的就有雅令、四書令，花枝令、詩令、謎語令、改字令、典故令、牙牌令、人名令、快樂令、對字令、籌令、彩雲令等。

由於唐朝是一個又能喝、又能文的時代，所以酒令在這個時代越發風行起來，正所謂「唐人飲酒必為令為佐歡」。白居易也在詩中寫道：「花時同醉破春愁，醉折花枝作酒籌。」這裡面說的「酒籌」是行酒令時必備的道具，它的作用就像現代賭場中所用的籌碼。只不過這個籌碼是出現在酒桌上的，所以叫作「酒籌」。

由於古代沒有計算器，所以他們只好使用竹子或者木頭削成的「籌子」來進行運算。當然，也不乏一些頭腦比較好、智商比較高的人，不需要借助這些東西，光靠心算就已經能夠算個大概。有個成語叫「運籌帷幄」，這裡面的籌就是借用了「酒籌」的引申義。

◆圖為唐代論語玉燭龜形酒籌筒及酒籌。

從唐朝開始，「籌子」在酒局中有了兩種用法，一種是白居易詩裡所寫的那種，還有一種就比較複雜了。它是把

酒令的令約和酒約刻在銀、象牙、骨頭等做成的籌子上，然後像抽籤似的按照順序抽取出來，再按照自己抽出來的令約行酒令。

這種形式有點像今天我們在喝酒或者唱歌時玩的「真心話大冒險」之類的遊戲。而這類遊戲中所使用的籌子，和「籌碼」的作用不同，並不是用來計數，而是用來做令約的。

在江西曾經出土了一套籌令，據考證，這是距今為止出土的最早籌令。這種籌令是在一隻鎏金龜的背上鑄一個「論語玉燭」的籌筒，裡面有用銀製成的五十枚籌子，銀籌的一面刻著文字，文字的內容是《論語》中的一句話再加上一句令約。

令約就是說明抽到這支酒令後要做些什麼。包括喝酒的物件、行酒的方式、喝多少等。

行酒方式分為飲、勸、處、放這四種。「飲」是自飲，「勸」是給別人敬酒，就是讓別人喝，「處」是指罰酒，「放」就是把抽到的酒令放回去重新再來。

看到這裡，你可能會以為所謂的酒令就像上面說的那麼簡單，只是單純地喝酒。如果你真的這麼認為，那就大錯特錯了。「行酒令」中可以說得上包羅萬象，你要上知天文，下知地理，還要知道一些民俗、詩詞、民間俏皮話等，若是肚子裡沒點兒墨水，恐怕是應付不來的。

另外，行酒令時你還要具備一定的度量，千萬不能因為輸了幾局，被人罰酒，就當眾翻臉，或者乾脆逃跑，因為這樣的行為是會被人家瞧不起的。

如果你已經這麼做了，那以後也不用再來參加這樣的酒會了，因為沒有人會請一個脾氣不好、沒有涵養、沒有耐

心的人一起喝酒，因為會讓大家無法玩得盡興。

在唐朝，最常見的酒令當屬雅令。雅令也是從唐朝開始的，是當時的一幫文人學子在酒宴上使用的酒令。說白了就是一夥文藝青年喝酒時做的遊戲。

在唐代傳奇《申屠澄》中還有一個關於雅令的趣事，講述的是一段與姻緣有關的故事。

話說當時，有一個叫申屠澄的秀才，他通過科考之後，被封了一個縣尉的官，也就是我們常說的縣官。這一天，他領命去任地赴任，沒想到不巧，路遇大雪，耽誤了行程。沒有辦法，只能沿途找了一家百姓家投宿。

雖然尋常百姓家，只有一間比較簡陋的房屋，但主人卻十分好客，熱情異常，這讓在風雪中凍了好一陣子的申縣尉感到一陣陣的溫暖。另外主人還給他準備了酒席，燙好了酒。

申屠澄是文人出身，身上自然免不了酸腐之氣，於是在他喝得高興之際，便舉起酒杯應景地說了一句《詩經》裡的句子，行了個雅令：「厭厭夜飲，不醉無歸」，話音剛落，主人的女兒就在一旁咯咯地笑。申屠澄不明所以，就問女子為何發笑。

女子邊笑邊說：「這外面風大雪大的，你還想歸到哪兒去呢？」

說完，還出了一道酒令：「風雨如晦，雞鳴不已」。

這個女孩子是個聰明人，她用的是《詩經·鄭風·風雨》中的詩句，其中隱去了「既見君子，雲胡不喜」之句。申屠澄是個讀書人，又怎麼會不明白那沒說出來的話是指什麼呢，這分明是借用酒令在向自己表達愛慕之情。於是

申屠澄便向少女的父母提親，男未婚女未嫁，又情投意合，自然是功德圓滿，喜結良緣。

雖然這個故事聽起來很美好，但若是將申屠澄換成一個沒文化的人，想必就無法領悟到這其中的含意了，所以說這酒令還真就是為文化人準備的，對於我們這種不會吟詩作對的人來說，還真是有點難度。

所以我們要想在唐朝邊喝酒邊玩，最好還是弄點自己能接受的，能玩得來的，就像之前所說的擲骰子、轉勺子都是不錯的選擇。

十、酒品不好就是人品不好？

醒酒

　　在唐朝這樣喝酒能喝得天昏地暗的朝代，如果經常參加宴會，或者會見一些文人墨客，卻沒有一個好酒量，那麼喝醉酒是家常便飯了。

　　即使是酒量很好，被稱為「酒仙」的李白也常常喝醉。在給皇上寫公文的時候，他也能夠喝醉，而在旁邊招呼他的人沒有辦法，只好往他的臉上撣水，讓他保持清醒。

　　但按照人家李白自己的說法，這些人這樣做根本就沒有必要，因為即使他喝得連自己是誰都不知道了，也照樣能把自己的工作做好。

　　話雖然這樣說，但據說，這位聲名顯赫的堂堂酒仙，最終還是因為喝酒而死了。據傳有一天他在船上喝酒，或許是喝得太多，他低頭看到月亮在水裡的倒影，便伸手去水中撈月亮，結果失足落水淹死了，享年六十一歲。

　　一代大文豪就這樣因為醉酒而死，也是可悲又可歎的一件事情。

　　所以說，喝酒不僅會誤事，還有可能會丟了性命。因此，知道一些解酒醒酒的方法，就顯得尤為重要了。下面，我就在這裡介紹幾種醒酒的方法，以備各位不時之需。

首先可以選擇在宴會上擺放紫蘇葉。紫蘇葉就是今天我們吃烤肉的時候常常用來卷肉的「蘇子葉」，這東西看似

不起眼，其實有著很好的醒酒作用，即使只是聞到它的氣味，也可以讓喝醉酒的人清醒，怎麼樣，是不是很神奇呢？

另外，還可以熬煮一些醒酒湯，比如人參湯，不過對於普通百姓來說，這樣的方法好像不太合適，畢竟人參是非常貴重之物。

◆圖為紫蘇，亦稱白蘇，為唇形科一年生草本植物，莖葉能夠發表散寒，發汗力較強，有很好的解酒效果。

如果你已經喝酒喝到不省人事，連動都動不了，而且還頭疼得難受，這時候，你就需要下面的這種湯了。首先把竹子的根部煮成湯，在裡面加入五顆雞蛋，然後把水喝下去，慢慢你就會感覺到頭疼的症狀減輕了，人也不會再昏昏沉沉的了。

上面所提到的都是一些比較普通的方法，也是一些能夠被大眾所接受的方法。

其實在唐朝的文獻記載中，醒酒的方法有很多，但大多看起來都比較觸目驚心，也不提倡使用。比如把母狗的乳汁加到酒裡一同飲用，這種方法可以防止醉酒。雖然看似簡單，但這種方法實則有很多講究。這隻母狗可不是什麼

樣的都行，必須得是白色的。要說用個花的、黃的、黑的，那都是不行的，說白的就必須得是白的，有一根雜毛都不行。

另外還有的說把柳花碾碎，然後和老鼠的頭皮放在酒裡一起喝的。這方法……你看看，那多噁心啊。但這方法肯定好用，你想想，一想到自己喝的是老鼠的頭皮，那酒嚇也能被嚇醒了。

據說，在當時比較好用的一種方法是從東南亞那邊傳過來的，人們在枯萎的葉子中，包上削了皮的檳榔，然後再在上面撒上用牡蠣殼磨成的粉末來食用。據說這種食物可以幫助人們消化，還能醒酒，因此在唐朝的宴會上，這是必不可少的一道菜。不管怎麼說，這種解酒的方法聽起來比較正常，還在人們可以接受的範圍內。

說到這裡，關於大唐喝酒的事也就嘮叨完了，接下來，我們就要說說有關茶和其他飲料的事了。

7.

茶談君子——飲茶篇

一、陸羽是誰？

在中國的傳統飲品中，除了酒，恐怕最富中國特色的就要數茶了。如果說要挑兩樣可以代表中國的東西，那麼一個是瓷器，另一個就是茶葉。

中國飲茶的歷史源遠流長，具體是從什麼時候開始的，今天的我們已經無從考證，但根據傳說來看，中國人從神農時期就已經喜好飲茶了。

在中國有句老話，「神農有個水晶肚，達摩眼皮變茶樹」，傳說神農的肚子是透明的，好像水晶一樣，從外面就可以看見食物在胃腸中消化的樣子。當他品茶的時候，能夠看到茶葉在自己的肚子裡到處流動，好像在查找自己身體內的污垢一樣，最後再逐漸把所有的污垢都帶出體外。據此，神農就管這種植物叫作「查」，這就是茶的起源。

但關於茶的起源問題，一直以來都是眾說紛紜。有的說中國人從上古時代就已經開始飲茶了，也有的認為是從周朝開始的，還有的說是從秦漢、三國、南北朝時期開始的。當然，也有一些專家認為，中國人真正愛好飲茶，是從唐朝開始。

看看，唐朝還真是挺酷的，什麼事它都能來摻和一下。

◆圖為元代畫家趙原所繪的《陸羽烹茶圖》。此畫現收藏於
台北「故宮博物院」。

　　為什麼會有唐朝是飲茶的起源時期這個說法呢？這主要
是因為在唐朝之前，在中國浩如煙海的文字中，並沒有
「茶」這個字，而只有「荼」。

　　這兩個字長得的確有些像，怪不得直到今天，也有些小
孩子在識字、認字的時候，會經常把這兩個字弄混。其實，
會出現這樣的錯誤，還應該怪陸羽這個人。

　　陸羽是誰？看到這裡，可能有人就會提這個問題了。不
關注歷史，也不愛喝茶的人不知道這個名字也算是比較正
常的，畢竟他也算不上什麼大人物，和歷史上的那些名人
相比，他就顯得並不那麼著名了。但在「茶業界」他可說
是十分有名的一個人物，因為他出版過一本與茶有關的書
籍《茶經》。

　　看到這本書的名字，大家可能會有種恍然大悟的感覺，
會有一種「哦，原來是他啊！」的想法。這也可能是他的
著作要比他本人出名得多的原因吧。

　　根據陸羽的《茶經》記載：「茶為之飲，發乎神農氏。」

既然連被人稱為「茶仙」的陸羽都這麼說了，我們也就估且認為這個茶，是起源於神農氏吧。畢竟人家神農氏是種植農作物的始祖，把有關農作物的事都推到他頭上也是正常的。

當然，在《神農本草經》裡也有說：「神農嘗百草，日遇七十二毒，得茶（茶）而解之。」因此，也有人說飲茶在早期並不是一種休閒活動，也不是為了消遣，那個時候的茶主要是用來治病的。

或許，我們可以這麼理解，將茶作為一種休閒飲品，是從唐朝才開始的。

二、飲茶的學問可大著

飲茶的方式

關於唐人飲茶的習慣等內容，在陸羽的《茶經》裡面都有記載。其中包括了「清平茶」「文士茶」「禪茶」「民俗茶」等。下面我們就來分別說說這些都是什麼。

「清平茶」這個詞不是出自別人，正是出自那位擁有很多頭銜，被世人稱作「詩仙」「酒仙」「劍仙」的李太白。反正大家也看出來了，跟唐朝有關的很多事情，都和他有關係。沒辦法，誰叫人家是名人。

話說有一天，唐明皇李隆基突然閒情大發，就想找個人陪自己喝點東西，娛樂一下。想來想去，他想到了李白。世人都知道李白是個喜歡神仙般生活的人，所以這樣品茶的美差，怎麼能少得了他呢？於是李隆基派人把李白請來，拿出全國各地進貢來的新茶，與他一起品茶論道。這李隆基還真挑對人了，李白喝茶喝高興了，馬上大筆一揮，眨眼之間一首千古名篇《清平調》三首就出來了。那句著名的「雲想衣裳花想容」也正是出於此。因此，這個清平茶也就被傳了出來，而這茶也叫「君臣清平茶」。

要說這「君臣清平茶」也不是普通老百姓能消受得起的。想我們現在喝茶，一般不會講究這個，講究那個的，

就是將茶葉直接放到茶碗中，然後用水沖泡一下就直接喝了。但是在當時可不是這麼簡單。在宮廷裡，喝個茶也算是一件大事，光是步驟就有十六步，分為備器、鑑賞茶餅、炙茶、碾茶、篩茶、候湯、投鹽、舀湯、置茶兌湯、分茶、敬茶、聞茶、觀色、品茶、謝茶等，這十六步足可代表盛唐時期的宮廷茶藝。

你說換成一般人誰有這個耐心費這麼多事，就為了喝口茶？說穿了還不是因為有錢且有閒，才發明出這個泡茶手藝來。

◆圖為1987年法門寺地宮出土的唐代茶具。

再來，我們說說「文士茶」。能發明出茶的不同喝法的人，不是閒人就是喜歡吟詩作對的文雅人士，而「文士茶」

就是文人發明的。

在前文中我們也多處提到唐朝是一個文化極其發達的朝代，那個時候你要是不會吟幾句詩，你都不好意思跟人打招呼了。正如常言所說「熟讀唐詩三百首，不會作詩也會吟」，詩詞在現代都能有這麼大的影響力，更何況是在真正的詩文盛世大唐呢。

那時候有文化的人特別多，姑且就稱他們為文學藝術圈的人吧。想這麼些人都有著相同的志向和遠大的抱負，自然也就有很多的話題可以聊了，所以他們沒事就會辦個茶話會之類的活動，大家聚在一起喝茶、作詩、寫文、論道。

高僧皎然的《飲茶歌誚崔石使君》就是在這種茶話會中寫成的。詩裡寫道：「一飲滌昏寐，情思爽朗滿天地。再飲清我神，忽如飛雨灑輕塵。三飲便得道，何須苦心破煩惱。此物清高世莫知，世人飲酒多自欺。」你看看，這喝茶的還看不起喝酒的，覺得喝茶的人都是文人雅客，而酒這種俗物登不了大雅之堂。這讓酒茶通吃的文人榜樣——李白大人情何以堪啊！

在這些飲茶詩中最著名的是盧仝的《走筆謝孟諫議寄新茶》，這首詩中所論述的七碗茶更是為世人推崇。

一碗喉吻潤，二碗破孤悶，三碗搜枯腸，唯有文字五千卷，四碗發輕汗，平生不平事，盡向毛孔散。五碗肌骨清。六碗通仙靈。七碗吃不得也，唯覺兩腋習習清風生。蓬萊山，在何處？玉川子，乘此清風欲歸去。

看看這首詩中所描述的事情多神奇啊，喝了七碗茶就能變成神仙。和那些小說裡的修仙法相比，這個七碗茶的修仙法，真是太簡單了。一個人只要喝了七碗茶，就能直接

羽化登仙，萬事大吉。

一票文人聚在一起喝茶，那講究肯定不能少，在我們看來可能比在宮廷裡喝茶還要麻煩，因為他們除了備器、賞茶鑑茶、鑑水、烹茶、聞茶、觀色、謝茶等這些之外，還得淨手、焚香、禮拜，而那些接受邀請，有幸參加了茶會的文人雅士還會用彈琴、吹笛、舞劍等助興節目把茶會的氣氛營造起來，以表達對主人的感謝之情。

接下來出現的就是禪茶了，考古學家曾經在法門寺地宮裡挖出來一些出自大唐宮廷的茶具，專家認為這完全可以證明唐朝時期，佛門禪茶已經非常興旺。關於禪茶，這裡面還有一個小故事：大家都知道，古代的皇上都希望自己能活得長久，最好可以「壽與天齊」，對於帝王來說，擁有這樣的想法再正常不過，因此，在歷朝歷代的帝王中，幾乎沒有幾個例外。

在唐宣宗時期，有一個得道的高僧，活了一百三十多歲。這件事情傳到了唐宣宗的耳朵裡，他便想知道老和尚長壽的祕訣是什麼。於是，他就派人把這位得道高僧請到了宮裡，然後向他詳細地詢問，到底他是吃了什麼靈丹妙藥，才能有這麼長的壽命，而且即使年紀那麼大了，身體依然和年輕人一樣硬朗。

老僧說：「我並沒有吃什麼藥，只是從很久以前開始，我就喜好喝茶。」這位高僧一句話就點明了一切，常常喝茶是可以使人長壽的。即使在現代，相關研究也顯示，茶裡所含的成分很多都對人體十分有益，甚至有防癌、抗癌的功效，而在唐朝時，靠喝茶來保持身體健康也已經很流行了。在前面我們就已經講過，最早的時候，人們喝茶的

主要目的就是治病。治病和休閒這二者並不衝突，飲茶一來能修身養性，二來能強身健體，所以何樂而不為呢？

因此，禪茶在當時也就漸漸地走紅了，說起來這應該算是佛教中的一種茶道，是禪師茶藝、佛門品茗的高雅藝術。這種茶道程式十分複雜，分為禮佛、淨手、焚香、備器、放鹽、置料、投茶、煮茶、分茶、敬茶、聞茶、吃茶、謝茶等。總之一句話，這些茶道就是很複雜。

從以上說的那些也能看出來，喝茶在唐朝真的是很流行的，以現代流行用語來說，「他們都是在用生命喝茶。」也不為過。可以說在那個時候，飲茶已經成為很多人生活中的一部分，而對於普通老百姓來說，他們的茶水，則和我們現在的飲料有些類似。

據《封氏聞見記》記載：「茶道大行，王公朝士無不飲者。」但這種飲茶的風俗最開始是流行於南方的，北方人喝茶倒並不多見。在《封氏聞見記》中也記載：「南人好飲之，北人初不多飲。開元中，太山靈岩寺有降魔師大興禪教。學禪，務於不寐，又不夕食，皆恃其飲茶，人自懷挾，到處煮飲。從此轉相仿效，逐成風俗，起自鄒、齊、滄、棣，漸至京邑。城市多開店鋪，煎茶賣之，不問道俗，投錢取飲。」這裡說明了喝茶是從南方興起的。

而僧人們廣泛地種植茶樹，也完全印證了「禪茶」在唐朝時期的流行。那個時期的普陀、靈隱等寺院的茶到了今天也仍然流行。

三、談到喝茶，我們真要輸給唐人了

飲茶的方法

看了這些介紹之後，想必大家也知道唐人在喝茶方面是有著諸多講究，和現代人的飲茶大有不同的。那個時候的茶葉基本上不是散茶，而是茶餅。在現代所用的茶具──「茶道六君子」中的茶針就是為了刺碎茶餅。

對於現代的大多數人來說，喝茶並沒有那麼多的講究。除非是對茶有研究的人，他們在喝的時候可能會講究一些，比如先燙杯，然後將第一泡倒掉，從第二泡開始喝。

而在古代的時候則更繁瑣一些，喝茶主要有煎茶和點茶兩種方式。如果你對這兩種方式都有所瞭解，那麼你可能反而會覺得懂得這點知識，和老祖宗們比簡直不值一提，在他們的面前，你就像個沒見過世面的人，會不自覺地對唐人抱以敬仰之情。

煮茶法，也就是煎茶，是中國唐代時期最普遍的飲茶法。陸羽在《茶經》裡說：「……其火用炭，次用勁薪。」這裡的「炭」是指普通的木炭，而「勁薪」是指桑樹、槐樹等燒起來比較旺的木柴。這裡所說的炭也是有講究的，

比如說，我們烤肉之後那種粘染了肉腥味的木炭是不可以使用的，因為這樣的木炭會壞了茶的味道。而如果柴在燒的過程中會產生出大量的濃煙，這種柴也不適宜使用。

至於煎茶的過程，陸羽在《茶經》中已經做了詳細的介紹。大致上來說，可以分為以下幾個步驟。

首先要將餅茶研碎待用，這個時候，「六君子」就可以發揮它們的作用了。然後開始煮水，當然，木炭和木柴都是精挑細選的，泡茶所用之水的選擇就更要謹慎了。所謂「山水上，江水中，井水下」。看，這古人喝茶是多麼講究啊。

將水以炭火燒開，但不能燒到完全沸騰。這個時候，就可以加入茶末了，使茶末與水能夠交融。當然，也有些人選擇在第一次沸騰的時候，加入一些鹽進行調味。在二沸時就會出現「沫餑」，這是茶的精華部分。這個時候將沫餑放到固定的器皿中，留下來備用。

不要以為這樣就可以了，這時火候遠遠不夠，還得繼續燒煮，使茶與水進一步融合，這個時候你再看，容器中已經是波滾浪湧，香味飄散而出。這種煮法稱為三沸。

三沸之後再將二沸時已經撈出來的沫餑澆烹茶的水與茶，但也不宜放入太多，要視人數多少而嚴格量入。這樣，茶湯就煮好了，可以把它均勻地斟入各人碗中，這種行為也有著雨露均施，同分甘苦之意。

看到這裡你可能會說，用鹽調味，那茶還能喝嗎？事實上，鹽也只是起了一個調味的作用，和煮湯是同一個道理，誰也沒讓你加入能把人鹹死的量啊。而且如果你不喜歡鹹的，還可以選擇其他的佐料，比如蔥、薑、橘皮、薄荷、

棗，都可以放進茶裡一起煎煮。甚至還有人加入酥、椒等佐料的。

怎麼樣，唐人的喝茶習慣有些奇怪吧？如果你去了那裡，恐怕一時半刻還接受不了這種口味。不過，對於我們來說，也可以嘗試一下用唐朝的方法來煎茶，說不定還會有意想不到的驚喜呢。

不過，有一種還是很值得期盼的，就是加了酥的茶，這種茶類似於我們今天喝的奶茶，不論是口感上還是味道上，這兩者都相差無幾，所以在你習慣其他口味的茶之前，還是先喝酥茶吧。

另外一種飲茶方式叫點茶。這種飲法是將茶葉研成的末放在碗中調成膏狀，然後再加入沸水做成茶湯。千萬不要以為隨便加入熱水把茶泡開就可以了，這個注水可是得講究技巧的，透過控制注水的速度和落點，可以使茶湯的紋路形成具體的圖案，有的時候是文字，有的時候會是一些其他精美的圖案。也有人稱這種方法為「水丹青」或「茶百戲」。

怎麼樣？看到這裡你是不是又有種熟悉的感覺？對，外國人經常喝的花式咖啡就是這種形式的。要不怎麼說咱們的老祖宗就是厲害呢，他們這樣泡茶的時間，可比西方國家沖泡花式咖啡的時間早了好多年呢。不過令人遺憾的是，這門技術到今天已經失傳了，想來就讓人扼腕啊。

有一點讓我們欣慰的是，唐朝時期的茶道習慣中有一些傳到了日本，並在那裡得到了發揚與傳承，而日本如今的茶道，正是日本本土茶道與唐朝茶道融和之後形成的。從這裡我們也能看出，唐朝時期關於茶葉的很多東西都傳到

了國外，尤其是日本。

　　現在去日本旅遊的時候，你還會發現日本很多的茶店都懸掛著《飲茶十德》。對於《飲茶十德》，恐怕愛茶的中國人都不會覺得陌生，內容是：「以茶散鬱氣；以茶驅睡氣；以茶養生氣；以茶除病氣；以茶利禮仁；以茶表敬意；以茶嘗滋味；以茶養身體；以茶可行道；以茶可雅志。」

　　而日本的《飲茶十德》，其內容與中國的並不相同：「諸天加護；父母孝養；惡魔降伏；睡眠自除；五臟調和；無病無災；朋友和合；正心修身；煩惱消滅；臨終不亂。」全篇都是用漢字寫的，估計應該和中國有些關係，極有可能也是從中國傳過去的，或是從中國引進茶道的時候，根據中國文化擬寫出來的。

　　但不管怎麼樣，不論中國還是日本，《飲茶十德》都是講茶的好處，這一點在中國人和日本人的心目中是一致的，由此也可以看出中國文化的影響真的是十分深遠的。

四、陸羽和『茶經』
中國茶的歷史

　　我們在之前提到了陸羽，筆者知道這本書是在講唐朝，不應該浪費太多的筆墨去單獨講述一個人。但說到底，談到大唐，有一些人還是不得不提，更何況我們現在講的是大唐的茶文化，那麼這個陸羽就真的是不得不詳細來說說的人了，他和中國茶道的誕生息息相關，如果沒有他，也許很多關於中國茶的歷史，會就此埋沒了也說不定。

　　陸羽這個人的一生漂泊坎坷，傳說在他小的時候因為長得太醜，就連家裡人都有些無法接他，甚至有人一看到他的反應都是「媽呀！見鬼了！」，因此，他很小的時候就被家裡的人遺棄了。

　　當然，這都是在《新唐書》和《唐才子傳》裡記載的。雖然可能有人認為這是八卦，但是在陸羽自己寫的《陸文學自傳》中，也曾提及「字鴻漸，不知何許人也……有仲宣孟陽之貌陋，相如子雲之口吃」。想來自己寫的東西總不會是自己八卦自己吧，所以這人長得有點醜是可以肯定的，至於醜到什麼程度，這個就無法考究了。

　　陸羽被遺棄之後也算是命不該絕，在竟陵西門外的西湖岸邊被龍蓋寺的住持智積禪師撿到，然後帶回了寺裡。從

此之後，陸羽就有了他的名字。至於名字的來歷，據史書記載，在他稍大一些的時候：「以《易》自筮，得《蹇》之《漸》，曰：『鴻漸於陸，其羽可用為儀。』」於是，按卦辭由智積禪師定姓為「陸」，取名為「羽」，以「鴻漸」為字。

但是關於他名字的來源，還另有一種說法，說是陸羽自己給自己定的姓，取的名，而其名字的本意是說自己雖然生為凡賤之人，但其實是天之驕子，雖然是父母所生，但好像又是從天而降。不管怎麼說，這也是個說法，大家覺得哪個更有道理就自己選擇吧。

有了名字的陸羽就在這龍蓋寺裡定居了，夜夜青燈古卷，日日誦讀經書，不只如此，他還學會了煮茶的事務。

按道理說，在這種情況下，普通人想必早已經剃髮為僧了。但如果陸羽真的這麼做了，那這世上恐怕就沒有「茶神」陸羽，更不會有流傳千古的《茶經》了，所以說陸羽他並不是一個普通人。雖然他天天受佛法的薰陶，但他並沒有皈依佛門的打算。

在他九歲的時候，有一天，智積禪師要他快點去抄經念佛，陸羽不肯，反倒問禪師：「（釋氏弟子）生無兄弟，死無後嗣。儒家說：『不孝有三，無後為大』出家人能稱有孝嗎？」

他不只這樣公然地反抗佛法，還常常說：「羽將授孔聖之文。」雖然說佛家講寬容，但聽到別人公然指責自己，誰能不生氣呢？所以住持也惱了，就開始用繁重的雜活懲罰他，希望辛苦的勞作能使陸羽幡然悔悟。

就這樣陸羽被派去掃地、清掃廁所、清理牆壁，除了給

屋鋪瓦，還要負責放牛。反正住持是什麼苦差事都讓陸羽做，為的是要讓陸羽就範，甘心當一個和尚。但陸羽是屬於越挫越勇的那種人，他不但不生氣、不屈服，這些反而更加激起了他的進取心。你不是不讓我認字嗎？那我就用竹片在牛背上「寫」字。

不知道他從哪裡得來了一本張衡的《南都賦》，雖然他認得的字並不多，卻也有模有樣地看了起來。住持知道以後，更加心慌，心想，要再這麼下去，他天天往外跑，不是更能接觸到俗世的一些東西嗎？於是住持便不再派給他放牛的工作了，相反要他在寺中除草，同時還找了一些老和尚看著他。

隨著年齡的增長，陸羽越來越覺得在寺裡過的日子不像是人過的，於是在他十二歲時的某天，趁四處無人，便逃出了寺廟，自己出外謀生了。

但他不過是一個未成年的孩子，從寺廟逃出來，他又能怎麼辦呢？首先需要解決的就是溫飽問題。說來也巧，就在他餓得有些發慌的時候，正好有個戲班路過這裡，於是他就跟著戲班走了，在戲班裡學唱戲。

雖然他長得醜，但為人很機靈，應變能力也強，於是在戲班裡演起了丑角，丑角有些類似馬戲團裡的小丑，專門逗人發笑。他做這行在當時來看，也算是小有成就。他的表演十分受人歡迎，後來他還替自己撰寫了一本類似笑話大全的書籍《謔談》，全書一共三卷。

日子一天天地過著，說平淡倒也還算過得去。陸羽也以為自己這一輩子都將會在這個小戲班裡以扮演丑角為生。但俗話說，上帝為你關上了一扇門，一定會為你打開一扇

窗，陸羽一不小心就遇到了他的「伯樂」，他一生中最大的貴人。

唐天寶五年，竟陵的太守李齊物和眾人邊喝酒邊看陸羽的表演，看著看著，就萌生了一種惺惺相惜的感覺，表演

完之後，他派人把陸羽叫到身邊，並贈給陸羽詩書，而且還親自寫了一封信，推薦陸羽到一個叫鄒夫子的人處學習。

後來，曾為禮部郎中的崔國輔被貶為竟陵司馬，而陸羽也已經學有所成，下山入世，回到了這裡。一個偶然的機會，兩個人相識了，之後二人經常一起出去遊玩，品茶鑑水，談文論道。這樣的經歷，也為陸羽後來的發展打下了堅實的人脈基礎。

◆圖為陸羽。陸羽，唐學者，字鴻漸，自稱桑苧翁，又號東岡子，復州竟陵（今湖北天門）人。以著中國第一部茶葉專著──《茶經》聞名於世，對中國茶業和世界茶業的發展做出了卓越貢獻，被譽為茶聖，奉為茶仙，祀為茶神。

這之後，陸羽開始到處遊歷，尋訪中國的名山大川，經過幾年的旅居生活之後，他根據多年來自己的記錄，編著成了《茶經》一書。這本書可以說是集中國茶文化之大成的作品。

而由於陸羽本人從小受佛教影響，長大之後還接觸了儒家和道家的文化，因此，其作品裡融合了三家的思想精華，以至於《茶經》中既有道教中關於五行八卦的思想，也包含著儒家的世界觀，同時還有佛家的佛法，達到了三者統一的境界。也因此而形成了以其為代表的茶道。

　　我們在之前也說過，在中國，茶道這個詞是唐朝之後才開始有的，傳到日本之後，對日本本土的茶道產生了一定的影響。

　　而茶道，以不同的人為代表，可以分為三種類型：以皎然、盧仝為代表的修行類茶道，以陸羽為代表的茶藝類茶道和以常伯熊為代表的風雅類茶道。

五、我也是很有名的好不好？

皎然和茶道

　　雖然說陸羽是唐朝時期茶文化的代表人物，在中國茶文化史上也是很著名的一個人，但「茶道」一詞最早並不是由他提出來的，而是一個叫作皎然的人在自己的詩《飲茶歌誚崔石使君》中首先使用。

　　詩中寫道：「越人遺我剡溪茗，采得金芽爨金鼎。素瓷雪色縹沫香，何似諸仙瓊蕊漿。一飲滌昏寐，情思朗爽滿天地。再飲清我神，忽如飛雨灑輕塵。三飲便得道，何須苦心破煩惱。此物清高世莫知，世人飲酒多自欺。愁看畢卓甕間夜，笑向陶潛籬下時。崔侯啜之意不已，狂歌一曲驚人耳。孰知茶道全爾真，唯有丹丘得如此。」

　　這首詩是僧皎然喝了越人贈送給他的剡溪茶後，突然覺得身體裡有一種情緒躁動，然後文思泉湧，一首詩文從胸中噴湧而出。而他，也是修行茶道流派的代表人物。

　　這種茶道主要是透過飲茶，最終達到一個自我領悟的境界。從上文的詩中我們也能看出來，他將「三飲」之後的感受和羽化登仙歸為一類，足以見得飲茶是一種可以修身養性的活動。這從另一位代表人物盧仝的詩中也能看出來。他有「柴門反關無俗客，紗帽籠頭自煎吃」的詩句。這首

詩向人們介紹了在什麼樣的環境下品茶，才能達到得道成仙的境界。「碧雲引風吹不斷，白茶浮光凝碗面」寫出了茶的性狀和特徵。

在喝茶的過程中，喝第一碗僅是達到一個解渴的作用，也就是「喉吻潤」，這樣只是單純地滿足了生理上的需求；喝第二碗茶之後，就達到了「破孤悶」，也就是說，不管有多少煩心事，喝了這第二碗茶之後，也就能一掃而光了，完全不會覺得鬱悶和孤獨，從生理感受上升到了心理感受，有了一個層次的提升，到了第三碗的時候，作者寫了「三碗搜枯腸，唯有文字五千卷」，抒發了作者有一種志向，而為了實現這種志向，他不惜過著物質上清貧、精神上富有的生活；「四碗發輕汗，平生不平事，盡向毛孔散」，在第四碗茶後，達到了生理和心理的統一，既有生理感受方面的汗水輕發，又有對不平現象鬱結於心中的鬱憤，借助於飲茶發汗而皆散發，層層遞進，使心靈輕盈；「五碗肌骨清」，肉身凡胎的肌肉與骨骼也由於飲茶而淨化，變得輕鬆、輕靈，量變已累積至臨界狀態，為精神昇華打好了基礎；「六碗通仙靈」，人的肉體與心靈透過飲茶得到徹底淨化，乘著清風達到仙人合一的靈境，也達到了茶道的境界。

◆圖為唐《宮樂圖》，此圖生動地描繪出了晚唐時期，宮中佳麗圍坐品茗聽樂時的場景。

　　經過分析，我們可以看出，這些人靠飲茶來追求一種精神上的最終愉悅，不能不說是一種自我療傷的好辦法，那些因為生活上的各種原因而鬱鬱不得志的人，也可以嘗試一下煎茶，喝上幾碗之後，看一看到底會不會達到這種效果。如果你的體會和上面提到的人感受相同，那麼恭喜你，你已經「成仙」了。

　　另一個流派就是以陸羽為代表的茶藝類流派了。這個流派的特點及其內涵，在《茶經》裡全部都有記載。雖然字數不多，全書下來只有約七千字，卻全面地總結了唐代及以前有關茶的知識與經驗，生動具體地描述了茶的生產、品飲及茶事，言約意豐地深化和提高了飲茶的美學和文化層次。全書共三卷十章，短短數千字，便將一個色彩斑斕，茶的世界展現在讀者的眼前。

　　還有一種就是以那些王公貴族、文人騷客為代表的風雅派。這一派的人，他們最注重的是物資上的享受和文化上的共鳴，喜歡走文藝青年的路線。在飲茶上十分追求形式上的美感。比如說喝什麼茶要配什麼茶具，喝茶之前要做些什麼，喝茶中間要吃些什麼，等等。

　　看到這裡有沒有一種雲山霧罩的感覺？那就對了。如果不是這樣，怎麼能看出唐朝文化底蘊的深厚呢？如果不是有著這麼豐富的內涵，唐朝的茶道又怎麼會被日本借鑑去呢？所以說，在某些方面，我們不是老祖宗的對手，真的應該多多閱讀古籍，然後從中吸收他們的經驗和精華，使那個時代的文化在今天大放光彩。

六、除了酒和茶就沒別的可以喝了嗎？

其他飲品

　　酒水篇幾乎全是在講酒文化和茶文化，這樣可能也讓很多人以為唐人除了喝酒，就是喝茶，日常生活中再沒有其他的飲品了。

　　如果你真這麼想的話，那只能說你有些先入為主了。因為我們現在所寫的朝代，可是那個在世界上極負盛名的大唐朝，怎麼可能在飲品方面只有單調的兩種呢？畢竟人們的口味都是不盡相同的，有喜歡喝酒的就有喜歡喝茶的，有喜歡喝茶的就有喜歡喝牛奶的。是的，你沒有看錯，在唐朝時期也是有牛奶可以喝的。

　　關於牛奶的飲用，其實也和人們的飲食習慣有著很大的關係。正如茶在南方地區比較盛行一樣，牛奶是北方人常常飲用的。

　　那個時候的民族大融合並沒有達到現在的程度，經濟發達的地域還都局限在南方等地。在北方基本上都是遊牧民族，人們靠放牧為生，因此他們喝動物的奶也就成為一種理所當然的事情了。

　　雖然我們現在已經透過科學研究瞭解到，絕大部分的中國人胃裡並沒有適合用來消化牛奶的酶，但因為北方人從小就有飲用牛奶的習慣，所以即使無法消化，他們依然喜歡透過喝牛奶來強壯身體。

　　甚至還有些人認為，北方人之所以會長得那麼高大，正是因為他們從小就喜歡喝牛奶。

　　除了牛奶之外，還有一種飲料，你無論如何都想像不到，那就是即溶果汁。你可別小看這果汁，味道可一點都不比我們今天常喝的果汁差。

　　拿紅棗汁為例，人們會先把紅棗放在太陽底下曬乾，然後再把棗放到鍋裡煮熟。後將煮過的紅棗裡多出來的水分擠乾，之後將大棗放入盆裡搗碎。搗碎後的果肉再放到紗布裡面把水分瀝乾，之後將其放到容器中，經過暴曬，完全變乾之後，用工具或者直接用手將固體撚成粉末。

　　等到想要飲用的時候，直接加水沖泡即可獲得一杯香濃的紅棗汁。如果在其中加入牛奶，那將會是一杯非常好喝的紅棗牛奶。

　　神奇嗎？一點都不神奇，這只不過是唐人智慧的一部分而已。雖然和現在相比，保存的時間可能並沒有那麼長，但人家那才是純天然、無污染，不含任何添加劑、防腐劑的即溶果汁啊，是我們現代的飲料完全無法匹敵的。

　　而且人家也是有很多口味的，按照相同的方法，還可以把杏、海棠果等製作成粉末狀，在旅遊的時候可以隨身攜帶。更酷的是，他們會把醋加入這些飲品裡面。「蘋果醋」就是他們除了酸梅湯之外的另一種用來消暑的飲品。

　　如果這些飲品你都不喜歡的話，那麼你唯一的選擇就是

水了。但因為你是生活在唐朝，所以你應該要感到慶幸，至少那個時候的水是清澈透明的，即使是溪邊的水，也完全沒有任何化學污染，而地下水中更是富含多種礦物質。據說一個人如果常年喝這種礦物質水可以延緩衰老，延年益壽。經常喝這樣的天然礦物質水，對人的身體健康有很多的益處。

　　怎麼樣？是不是越來越羨慕唐人的生活了呢？那是一個自由、奔放的年代；那是一個可以大碗喝酒、大口吃肉的年代；更是一個愛品茶、喜歡文學的年代。這麼說來，大家還是放棄穿越到清朝的想法吧，如果真的想來一次「穿越」旅行的話，唐朝才是你的不二選擇，至少在唐朝那個相對開放的朝代，一個「未來人」想生活下去，也許並不是那麼困難的。

8.

我
愛我的城市

一、東洛陽，西長安

繁華都市

　　提到如今中國的國際化大都市，大家都會首先想到哪幾個呢？北京？上海？廣州？深圳？這四大城市也就是人們常常提到的「北上廣深」。在現代人們的心中，這四個名字就是中國一線城市的代名詞。

　　當有人問你「唐朝時期的國際化大都市是哪些」這樣的問題時，你可能就會一時語塞，腦袋像短路了一樣，完全回答不上來。心裡還會嘀咕著：我活在現代，為什麼要關心一個一千多年前的朝代的繁華都市在哪？

　　但不管怎麼說，在中國的歷史上，能夠讓我們炎黃子孫感到驕傲的朝代也就那麼幾個，而唐朝更是在這幾個朝代中大放異彩。

　　它的璀璨程度，讓古今中外許多人都為之折服，無限地心馳神往，更有許多外國人，一心要學習唐朝的歷史。因此，我們又怎麼能不對它多做瞭解呢？如果真有一天你穿越到了那個時代，至少要知道你所在地方的地名啊，你說對不對？

　　如果在網路上搜索一下，我們就會發現，如今網路上所給出的國際化大都市的定義是那些具有超群的政治、經濟、

科技實力，並且和全世界或大多數國家發生經濟、政治、科技和文化交流關係，有著全球性影響的國際第一流都市。

國際化大都市這個概念的關鍵點是「影響力」問題，這種「影響力」是建立在一定經濟實力基礎上的，這種影響力既是一個動態的變化過程，也是一個比較的概念。

放眼當今世界，能夠稱得上國際大都市的，並被世界公認的十大國際大都市分別為紐約、倫敦、東京、巴黎、香港、芝加哥、洛杉磯、新加坡、雪梨、首爾。而在唐朝時期，世界性的國際化大都市都有哪些呢？

唐朝是一個時間跨度很大的朝代，從西元618年到西元907年，幾百年的時間，世界局勢不斷變遷。雖然說那個時候，並沒有什麼「地球村」的概念，而且由於歷史局限性，各個國家之間的聯繫往來也並不像現在這樣便捷和頻繁。但即使這樣，也並不代表當時的所有國家都是與世隔絕的。唐朝的文化能夠在當時遠播海外，就是一個很明顯的反證。

從歷史上來看，在唐朝存在的那幾百年中，西方的國際大都市變化，君士坦丁堡、巴格達、大馬士革等交替成為國際大都市，而東方則幾乎一直是洛陽、長安、揚州、成都，幾百年間都沒有什麼太大的變化，直到唐朝滅亡。

在當時其他地區格局一直發生變化的時候，唐朝仍然有四個都市可以穩坐當時國際大都市的四把交椅，可想而知，唐朝有多厲害了。

在唐朝盛極一時，也就是我們常說的大唐盛世，大約在西元754年左右時，整個大唐帝國一共有1869座城市，這其中包括了321個郡和1538個縣，不過除了我們熟知的那些城市外，其他一些比較偏遠地區的城市也很難稱得上是城市

了，所以那些城市並沒有記錄在案，也許實際上的城市，要比資料裡的還多一些。但這麼多地方，我們也不可能去一一瞭解，所以我們還是來說說已經知道的這幾個國際大都市吧。

　　一提到唐朝，我想你即使不知道其他的地方，洛陽和長安也一定是知道的。這兩個城市可以說是當時唐朝時期最大的城市，也被人們稱為「東都洛陽，西都長安」。

二、這裡是首都

長安城

　　在唐朝建立的初期，長安幾乎就成為了當時最大的城市，不只是在中國本土，即使在世界範圍內，也可以說是無可比擬的大都市。

　　雖然當時還有其他國家的城市上榜，但不論是從土地面積還是人口數量上來看，它們都無法與當時的長安相抗衡。而且縱觀古今，說到國際大都市，長安也是位於前列的，它完全就是一個傲視群雄的存在。用現在的話來說，長安就是當時的老大哥。

　　如果你還不相信，我們可以來看看歷史上有關長安的資料，讓大家心服口服。

　　根據史料來看，當時長安城的面積約為84平方公里，相當於今天陝西省會西安的7倍，明清都城北京的1.4倍，歐洲曾經為之驕傲的羅馬城的7倍，當時也算得上國際大都市的君士坦丁堡的7倍，唐朝後期崛起的巴格達的6.2倍。怎麼樣，看到這些，你還不相信長安在歷史上的地位嗎？放到什麼時候，長安也都是絕對的霸主啊。

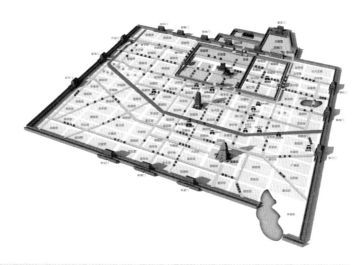

◆圖為唐朝時期的長安城復原圖。

　　據統計，當時長安的人口大約有兩百萬人，是世界歷史上第一個達到百萬人口的大城市。這裡不只有唐人，還聚集著來自世界各地，形形色色的人。

　　由於大唐的世界地位和知名度都非常高，所以從世界各地趕來的人也十分多，這其中包括外國的商人、使者、留學生、僧侶等，數量就高達三萬人。而且當時為了與唐朝修好，派使節出使唐朝的國家和地區多達三百個。那個時候的長安，對於世界人民來說，是一個蘊藏著巨大寶藏的地方，吸引著世界各地的人前來一探究竟。

　　大唐也正是在那個時候開始在世界範圍內聞名。大唐的科技、文化、政治、經濟、飲食、風俗也就從長安傳往世界上的其他國家，幾乎引導了當時的時尚潮流，有些影響甚至一直持續到今天。

在西元8世紀的時候，日本還特意仿照長安的格局，在奈良建造了自己的都城，也就是平城京，由此可見長安對當時世界的影響是很大的，不愧是國際化都市。

看到了嗎？這就是足以讓我們為之驕傲的大唐。如果你真的穿越過去了，又正好穿到了長安，那麼真的要對你說一聲恭喜了，因為即使你身無分文，在這樣的地方，你應該也能夠活下去了。你所在的可是國際大都市，雖然環境嘈雜，但至少生活是可以勉強維持下去的。

不過，在你打算在這裡生活之前，我先帶你參觀一下長安這個城市吧，否則初到此地，你一定會迷路的。迷路到其他地方還好說，如果迷路到什麼宰相府、皇宮之類的官家重地，估計你的小命說不定都不保了。

長安城大致可以分為三個部分，即宮城、皇城、外郭城。宮城是皇帝住的地方，和我們經常所說的皇宮差不多。皇帝日常吃飯、睡覺、休閒甚至辦公幾乎都是在宮城裡完成的。

後宮的管理十分森嚴，別說宮女、太監這些人，即使是皇后妃子也不是隨便就能出城的，連皇上想出去看看外面的世界，都十分不易。宮城就跟圍城是一個道理，在外面的人想進去，在裡面的人想出來。沒去過宮裡的人可能會嚮往宮裡的錦衣玉食，但也許真的生活在宮牆裡的人，最大的願望卻是能夠擁有自由。

皇城又被人稱為子城，在宮城的南面，相當於現在的中南海，那裡除了有著中央各部門的工作場所外，還有其他一些附屬機構的辦公地區。

外郭城，不用說了，就像是今天北京城裡可以讓老百姓

自由往來的地區。這個外郭城基本上是個方方正正像「豆腐塊」形狀的地方。整個大的「豆腐塊」，被分割成許多小塊的豆腐，這些小塊的地方，就是當時長安城內最基礎的行政單位，叫做「坊」，也就是我們今天的街道。

但和今天的街道有一點不同的是，現在的街道沿街都可以看到的小店，這在唐朝，至少在中唐之前是不可能出現的。

我們在電視裡經常可以看到，很多古代人的房子是商住兩用的，前面開個門店，後面則是住人的地方。但這樣的情況，在唐朝基本上是不存在的。因為唐朝對坊的管理十分嚴格，坊就是住宅區，而只有市才能做商業區，並且不是誰都能隨便把對著街的那一面用來開門做生意的，至少得是三品以上的官員才擁有這種權利。所以，要是你在唐朝有個房子，千萬千萬別想著拿它來做點小買賣，要知道這可是萬萬不行的。

不過，長安有一點好處，就是環保和綠化做得十分到位。自從西元582年，隋朝在長安建都開始，皇帝就下命令，在城市的兩旁修築排水渠，這樣在下雨的時候，百姓就能避免被雨水困擾。

於是，排水渠被開鑿出來了。這個排水渠只負責排放雨水，不能用來排污。看到這大家可能就想問了，那污水和人體排出的糞便要如何解決呢？

在當時，這些東西是有專人負責解決的。因為即使是糞便，在那個時候也算得上是一種商品，農民種田地全都是靠它的，正是「莊稼一枝花，全靠肥當家」，那個時候可沒有化學肥料，所以只能用糞便來給田地供給養分。也正因為這個，才說人家那個時候的農作物都是純天然的，沒

有一點化學肥料添加。

別看收糞便這份工作又髒又累，還不起眼，但在長安，還真有一家幾代人都靠夜裡去清理這些糞便來維持生活，而且據說收入也相當可觀。靠清理和運送糞便，可以累積大量財富，他們住大房子，吃好的、穿好的，家裡面擺的都是名貴的傢俱，而且還有專門伺候他們的僕人。不只這樣，他們還在外面圈地做農場，養很多的雞鴨鵝，豬牛羊。這麼看來，這是個相當讓人羨慕的工作啊，比我們現在的白領日子過得都好。

◆圖為一段保存完好的唐末排水渠。圖片所拍攝的地點為正科甲巷成都市第一人民醫院舊址。

三、城市綠化，環保先行

城市規劃和綠化

　　話說這排水渠已經建好了，但好像還少點什麼，對了，就是綠化。一個城市要是沒有綠化那怎麼得了？於是，皇帝又命人在排水渠的兩邊種樹。

　　皇帝一下令，那還有誰敢反抗呢？於是全城的人全部都忙翻了，短短數日，到處都種滿了各種樹木。榆樹、槐樹和松樹、柳樹、楊樹和柏樹，雖然花費了一番時間，但整個長安城的環境更加優美了，住在長安的老百姓也都很高興。有一些樹還能結水果，等到水果成熟，人們一伸手就可以摘下來吃了。

　　雖然環境變好確實讓人開心，但這之後的日常維護卻讓皇帝費盡了心思。因為這些樹還需要人的護理，長安畢竟處於西北地方，這裡風沙很大，一旦刮起沙塵暴，樹木就會被吹倒，屆時不得不補栽。

　　另外，風雪等一些不可抗力對樹木也有一定的損害。因此在這方面，朝廷也花了不少的銀子。

四、夜生活？那是不可以的

　　環境好，當然誰都願意在這裡生活，但如果你是個喜歡過夜生活的「夜貓子」，那麼唐朝生活中的某一點可能就不適合你了。你想啊，古代沒有電視電腦，整天除了宅在家裡，就是到街頭閒逛，不然也沒有什麼可以做的。所以唐朝人的生活都很規律，可以說是「日出而作，日落而息」，像我們這樣到下半夜還不睡的，在人家看來都不是什麼幹好事的人。

　　因此，你如果穿越到那裡，又恰好屬於這一類人，那你真的就要當心了，晚上千萬不要在外面流連，因為一到規定的時間，全城都是實行宵禁的。

　　在那裡你一定要注意鼓聲。早上的時候，會響三千聲鼓，告訴你，早上到了，想要出城的可以過來了。而晚上，當太陽落山的時候，鼓聲也會響起，響到四百下，就是告訴人們宮門要關閉了，持續到六百聲的時候，就是告訴人們，城門也要關閉了，有還沒回家的，得趕緊回家，過了時間你想回可就回不去了。

　　一旦開始宵禁，除非你有特定的權杖，否則想要夜間出城是萬萬不可能的。即使你睡不著覺，也就只能在城裡晃

一晃了。當然，那些管這事的人也不是那麼不通情理。你要真是有個急事，比如說誰生病了，必須得找人看病，或者需要出了坊間去通知誰家有死亡的人，得到官府許可後，也是可以出去的。但總之不管怎麼說，晚上的城門不是你想出就能出的。

但說句實話，你就算真想出去逛，也得有地方可去不是嗎？在古代，這麼晚的時間，除了煙花柳巷，什麼地方還能夜夜笙歌呢？真不如就倒在家裡睡大頭覺來得安全。

不過，唐朝的治安其實還是不錯的。因為在唐朝長安城的街道上，有專門負責的管理者，叫「執金吾」（吾，同「御」音）。這是當時的一種官職。

執金吾誕生於秦漢時期，主要是指當時統領禁兵保衛京城和宮城的官員。在唐朝時，這些人在街道上日夜巡邏，每個十字路口都有士兵負責站崗。小一點的十字路口安排五個士兵，大的就放上三十個人左右。而各個出城的要道、城門也都會安排兵士把守，最重要的地方還會安插一百人。

但這些巡邏的士兵只是人不是神，並不是所有事情都能夠解決的，一旦遇到他們無法解決的突發事件，或者因為他們的疏忽造成失誤，他們也是要負連帶責任，有的時候不只被革官查辦，還可能會掉了腦袋。所以說，這活也不是那麼好幹的，是擔著一定的風險的。

在西元838年，城裡就發生了這麼一件事。

當時的宰相李石因為有事要去宮中見皇上，不料途中被一夥強盜給伏擊了。雖然宰相沒有喪命，只是受了點輕傷，另外自己騎的馬被人砍去了尾巴，但這事也夠大了。戒備得這麼森嚴的京城，竟然還有人公然當街行兇，這讓皇上

的顏面何在？於是皇上生氣了，命令所有的執金吾全部下崗，改派出專門的軍隊來負責街道的治安管理。這樣，過了一段時間後，城市才漸漸地恢復了平靜。

在西元800多年的時候，還有一件小事。

一個喝醉了酒的太監，非要在晚上出城。被人發現之後報給了皇帝，皇帝一聽很生氣：「怎麼，拿我的法律不當一回事是嗎？這不是不給我面子嗎？不讓你們晚上往外跑，你們還非得跑。這明顯是跟我作對。來人啊，杖斃。」這個太監就這樣被打死了。

他這一死不要緊，算是解脫了，但還連累了放他出門的執金吾，人家可是好心辦壞事，不但沒有得到好，反倒坑了自己，最終被革職查辦，驅逐出長安城，永世不得錄用。

五、逛街、血拼的好去處

市集

　　你穿越到唐朝，又身處在長安的「坊」中，整天憋在家裡肯定會十分鬱悶，晚上不讓你出去閒逛，你已經忍了，但白天還不讓你出去，那實在太不通情達理了。這讓你怎麼能忍受呢？

　　不過，請你先稍安勿躁，冷靜下來。雖然這裡不像現代那麼繁華，但如果你想逛街，還是有很多地方可以去的。不要忘了，長安城可是當時世界上的第一大都市，如果小看了它，那你可是會吃苦頭的。

　　在唐朝，這種類似於今天的市場的地方就是「市」了。名字雖然有點像菜市場，但其實更像一個步行街，因為很多東西都是聚集在這裡買賣的。當時單是長安就有東、西兩個市。你可以在這裡吃飯、逛街、買東西，換句話說，這裡有點類似現代的購物中心，是一個集休閒、購物、娛樂於一體的大型商場。

　　其實這種地方也很不錯，和其他地方相比，勝在地方夠大，它們可以說是當時整個唐朝最大的市集。

　　那麼，它們究竟大到了什麼程度呢？這麼說吧，這兩個市集加起來的面積比當時最大的城區還要大，這下子你應

該能夠想像這裡究竟有多麼繁榮了吧？在這兩個市集裡都各有南北走向和東西走向的兩條步行街，步行街的寬度大約有一百步，可以說是開闊異常。像你這樣過慣了擁擠生活的都市之人，來到這裡之後，一定會愛上這種能夠在寬廣大道上走路的感覺。

這裡不光開闊，規劃上也整齊劃一。如果你以為古代的那些市集非常混亂，什麼都有得賣，那你又想錯了。人家也是分不同區域來進行買賣的，情況和今天的超市一樣，賣生活用品的在哪個區域，賣生鮮的在哪個區域，賣食品的在哪個區域，這都是有著很嚴格的規定的。不是說你今天覺得這個地方好了，挑個擔子去占個位置就可以開始叫賣，明天看別人那邊賣的比你好，馬上也跑到那邊去賣。人家的管理絲毫不比我們今天的工商差，說不定相比之下你還會覺得人家的管理更加完善和嚴格呢。

根據當時的法律，如果想要開店鋪，就一定要製作招牌，這樣才能在商店的門口豎立起招牌，告訴人家你賣的是什麼東西。當然，這裡的商店特是指那種做零售的店鋪。如果你想做倉儲和批發，好，那些也有規定的位置，那裡就是集市的城牆外面。那地方大，即使東西堆得很多，也一樣能夠堆放得下。

那個時候，人們不是把這些賣東西的店叫商店，而通稱為商號。隨著時間的流逝，因為很多原因，一些商號的名稱我們已經無從考究，只有一些賣的東西和現在差不多的店家，他們的商號有隨著歷史的記載流傳了下來。

◆圖中所示為復原之後的唐朝西市街景。

　　這其中就包括下面這些：

　　肉鋪，這個不用說，是最常見的商號了，跟我們現在是一樣的，日常肉類的供應基本就靠這裡了。

　　藥鋪，當然就是藥店了。但和今天的藥店不同的是，那時候賣的全都是中藥，而且藥鋪裡還有大夫坐診，這和我們今天的門診有些類似，醫生看診之後，可以直接在這裡抓藥。

　　饅頭店，那當然是賣饅頭的。但我們在有關食物的介紹中已經說過了，那時候的饅頭和我們今天有著很大的不同，所謂的饅頭，其實是現在的包子，所以饅頭店也可以說是包子店，或者綜合起來說就是麵食店。

　　還有魚鋪，就是賣海鮮的地方。那時候的海鮮品種可能不像今天這麼豐富，但勝在無污染，新鮮可口。

　　果菜店，也就是今天的水果超市。算起來應該是大型蔬菜水果超市，因為裡面不只會賣水果，還會出售蔬菜。

　　成衣店，這裡應該是最能吸引美女們的地方了。它有點像我們今天的服裝店。不過情況又和現在的服裝店不同。因為那時候的人大多都是自己挑選好款式之後，帶著布料過來，或者乾脆直接在這裡購買材料，然後量體裁衣，最後做成美麗、漂亮的衣服。當然，有一些大戶人家，還會把店鋪裡的掌櫃或者店員叫到自己的家裡，讓他們帶著上好的布料和樣式，然後由富人們從中挑選出自己最中意的。

　　上面提到的這些商號賣的都是我們常見的東西，也是生活必須品。但因為生活習慣和模式的不同，也有很多我們現在已經不會再見到的商號，比如鐵匠鋪。

　　在古代，鐵匠鋪是一個十分重要，而且必須存在的商號。因為那個時候，大家用的都是冷兵器，不管是下地種田用的工具，還是切菜切肉的菜刀，都是出自於鐵匠們的手。那時候可沒機器，也無法做到經過工廠的生產線後，一批批的鐵製工具就被製造出來了。所有的鐵器，可都是靠著鐵匠們一錘子一錘子那麼砸出來的。

　　我們現在最不常見的恐怕就是馬具店了。說到馬具店，它不光賣馬具，還賣一些可以負重的牲口，也提供住宿。在這裡住宿的，一般都是農民和商人等需要趕大車的人，所以這裡的價格也會比普通的酒店便宜一些。

　　不只這樣，那時候因為有市場需要，商號的品種也是五花八門，甚至連出租毛驢的店都有。但這個也是可以理解的，因為當時的交通不是那麼便利，交通工具除了馬也就是驢了。而且對於一些單獨出行，想「自助遊」的人來說，驢子更加輕便、快捷。那種店說起來，應該就像是我們現在的租車店。

六、客官，小店可以幫您保管錢財

早期的銀行

　　商人在當時都能夠賺不少的錢。這時你可能就會說了，他們賺這麼多錢，那錢都放在哪呢？難道是找個地方埋起來嗎？還是真的像一些電視或者小說裡那樣，有專門藏錢的機關、暗格之類的地方？

　　這個還真不用你操心，對於唐朝人來說，早就有人想到為別人提供保管錢財的服務了。

　　隨著經濟的發展和貿易往來的增多，一個新興的行業應運而生了。在唐朝的晚期，長安的西市就開了一家店鋪，為顧客提供「存款」服務。只要支付一定的費用，就可以把手頭上的金子、銀子和銅幣放在那裡保存。而他們也會給你提供個回執單，證明你確實把錢都存在他們那裡了。

　　這個回執單和今天的不太一樣，它不單純只是一張回執單，也可以把它看成是存摺，你可以拿這個單據去支取錢財。總之，這種店就是中國早期的銀行。由此可見，唐人的生活還是很便捷的，已經大致有了現今銀行的雛形。

　　吃的、穿的、用的，連存錢的地方都有了，生活上應該是不用擔心了。但你一個現代人穿越到了這裡，一定還是會感到枯燥，因為少了一些娛樂項目啊。要是你已經過慣

了娛樂生活，怎麼在這裡生活下去呢？

關於這些你當然不用擔心，在集市上是有很多家酒館的。雖然說這裡的酒館其實就是飯店，也不像酒吧那樣，可以Happy Hour，但是和三、五個好友小聚在此，叫上幾個小菜，小酌一番，談談文學或者時事，也是別有一番風味。

還記得我們之前說過的胡姬嗎？在長安城邊上，就有一些中亞人開的酒館，裡面有很多長得漂亮，又具有異域風情的美女們在那裡唱歌、跳舞給大家助興，這樣的地方不也很像我們今天的酒吧嗎？

如果你想體驗一下大唐的酒吧是什麼樣子，大可去這些中亞人開的酒館，開開心心地買醉一番。

七、什麼，這種服務都有？

殯葬業

　　不要以為在集市上只有這些服務，可以說唐朝人所開的店鋪，只有你想不到，沒有他們賣不了的。比如你在大街上走著走著，可能就會碰到出殯的隊伍。到哪兒都會有死人啊，死人也是需要服務的，這個時候就需要殯儀殯葬服務了。

　　在集市上有專門的殯儀館，而且提供的服務可以說是十分齊全的。除了可以租用靈車，出售喪葬用品之外，還提供專門的哭喪團隊。

　　怎麼樣，這服務夠齊全了吧？我們現在的那種哭喪服務，在當時就已經有人在做了，而且人家更專業。他們不只可以提供上述服務，還會為顧客介紹道士、和尚提供專業的下葬和驅鬼服務。

　　當然，做這行的多了，自然也就有了競爭。話說「同行才是赤裸裸的仇恨」。為了增加自己的業務量，那些殯葬服務店之間還會舉辦比賽，比賽的內容就是看誰的挽歌唱得最好，哭得最真實。

　　這種形式還挺像日本常常在過年時舉辦的「紅白歌唱大賽」，也很像現在最流行的選秀PK。

關於這個，還有一個小故事。

有一次，長安城的大街上有幾家殯葬店因為爭業務而打了起來。然後出面過來調停的人就想了一個辦法，說還是現場PK一下吧，看誰能把在場的觀眾給感動哭了，誰就是最強的殯葬服務公司了。總而言之，就是把選擇權留給顧客。

這場比賽辦得熱熱鬧鬧，規模也算是空前了。據說贏得「最感人的挽歌」獎的人，還能得到價值五千枚銅幣的食物和飲料。因為來參賽的人可以說是絡繹不絕，還吸引了很多人來圍觀，當時的場面還真是人山人海。

在上午的時候，還沒有開始表演，只是進行小小的熱身。在比賽的現場擺滿了殯葬用品，供大家選購。可能有人覺得，人還沒死呢，誰會買這麼多這玩意兒放在家裡，多晦氣啊？但在古代，有些人家是有關於這方面講究的。家裡如果有老人，買些日後老人去世要用的東西，對老人是有好處的，據說這麼做可以增壽。當然，這也只是一種迷信的說法。

到了當天的中午，參加比賽的各個殯儀服務的人就開始才藝展示了，也還真有人把現場觀眾唱得「淚流滿面」的。

看看，即使是古代，也有各式各樣熱鬧的事情發生呢。

八、這裡真的有點庸俗了

妓院

　　除了酒館，唐朝還是有一些其他的娛樂場所，但是這個場所說起來就有些庸俗了，它就是我們在古代小說或者電視劇中常見的妓院。

　　在今天這種地方是不合法的，但是在古代，如果要講到當時的娛樂場所，妓院這個地方是沒有辦法迴避的。因為直到民國時期，這種場所也依然存在。可以說，妓院貫穿了整個中國的歷史。

　　說到妓院，最早能夠追溯到東周時期。說到辦妓院的這個人的名字，恐怕你還不會覺得陌生，他就是那個治理齊國，推出了改革政策的大名鼎鼎的管仲。

　　那個時候妓院叫做「女閭」，最初都是官家承辦，目的是增加官府的收入，可以說是中國最早的「國營企業」。這麼聽起來，是不是還覺得很震驚？想不到齊國當時能夠有那麼強盛的國力，其中還有一部分錢是靠「吃軟飯」得來的。歷史的真相，往往可以讓人驚的掉了下巴。

　　不管在哪朝哪代，做這一行的女人都是不招人待見的，也有人管妓院叫「火坑」，這是因為女人一旦進了這行，除非能夠「好從良」或者「真從良」，否則這一輩子的幸

福也算是完蛋了。因此，一般好人家是不會把自己的女兒送去做這個的。

但是，儘管如此，妓院仍是當時最大的娛樂場所。沒有光顧過妓院的男人，可以說是少之又少。不說別的，就連那些文學圈裡的文人雅士們，也大多留連於此。你別不相信，這些在史料上都是有著明確記載的。

在王仁裕的《開元天寶遺事・風流藪澤》中就有記載，說：「長安有平康坊，妓女所居之地，京都俠少萃集於此，兼每年新進士以紅箋名紙遊謁其中，時人謂此坊為風流藪澤。」而《唐摭言》第三卷裡也說有個叫鄭合敬的狀元，金榜題名後想到的第一件事，就是跑到妓院去嫖妓，書中記載：「鄭合敬先輩及第後，宿平康裡。」

看到這裡，也許你會覺得有些不可思議。那些在文學圈裡混的，或者說能在當時考上狀元的，那可都是國家棟梁之才啊，都是精神上、生活上、思想上奮發向上的大好青年，也都有著正確的人生觀、世界觀和價值觀，怎麼能跑到那種下流齷齪的地方去呢？

這你可能就有所不知了。古代的妓女也是分很多種的，在一些大妓院裡有很多賣藝不賣身的藝伎或者歌伎，除此之外還有一些原本是大家小姐，但因為家道中落或者是家人犯法，而被連累賣為官妓的，這些女子之前都受過很好的教育，有著很高的素養。而一些從小被賣到妓院的女孩子，因為相貌不錯，而被妓院管事的相中了，也會從小開始接受一些琴棋書畫方面的培養。這樣做，是為了將來她們長大之後可以賣到更好的價錢，也是讓自己的妓院在眾多的妓院中有更強的競爭力。

因此，那時候妓院裡的女子們，有很多都有著很高的藝術和文學水準。比如我們在文學作品中熟知的李師師、蘇小小、陳圓圓、柳如是這些名妓，都是能歌善舞，詩詞歌賦樣樣精通的女子，她們之中有一些還有作品流傳下來。

這種女子所在的妓院也就成了那些文人雅士的社交場。在美女身邊，喝著美酒，聊著天，那自是更加詩興大發了。這樣的妓女幾乎可以說是客人心靈上的伴侶。有些時候，很多文人去那個地方，一是為了能夠激發自己的靈感，二是為了找到和自己心靈上相契合的紅顏知己，而不是為解決生理上的問題。

◆圖為顏希源的《百美新詠圖傳——張紅紅》。張紅紅，唐大曆年間歌伎，善音律，能以紅豆記他人初唱之曲。初被將軍韋青收為姬，後入唐敬宗宮，為記曲娘子。韋青死後，悲痛而亡，被追封為昭儀。

不過就算多麼美化這些女人，她們所提供的服務也依然不能被世人接受，因此不可過分宣揚這些。如果有人有幸穿越過去，也並不建議去這些場所風流快活，畢竟在任何一個年代，這都是有傷風化的事情，也並不像文學作品中寫的那麼光彩燦爛，浪漫傳奇。而且我想，就算你真的穿越過去了，也還是一個普通人，那就踏踏實實地過著普通人的生活，沒事出去溜溜，喝個酒，吃個飯也挺好的。

九、在長安，你可別瞎逛

　　我們之前一直在強調，到了長安之後千萬不能亂跑，因為你不知道哪裡就是人家官府的所在地，萬一不小心闖進去，屁股上挨幾個大板子是免不了的。如果你要是再來個反抗，那罪名就又更大了，人家還會判你一個咆哮公堂的罪名。所以，我們要認識一下，那個時候的官府是長什麼樣子。話說這樣，也可以為「走後門」做準備，至少到了那裡，不會想辦事送禮都不知道該往什麼地方去，大家說是不是啊？

　　其實唐朝時候的政府機關是很好辨認的，和現在的一些軍事要地沒有什麼太大區別，那些地方都有四面高高的圍牆，外面有衛兵站崗。這麼形容，怎麼感覺像監獄一樣呢，是不是聽起來就覺得很陰森可怕？

　　但和現在有所不同的是，他們的政府機關是一體化的，幾乎什麼事情都是由衙門負責。唐代的政府機關有公堂審案，還有縣令和他的家人一起住的地方，只不過，他們基本上都住在衙門的後院。

　　從電視劇中我們也能知道，那個時候的監獄和衙門基本上都是設在一起的，一天到晚都會有守衛嚴密看守。另外

官府內還設有學堂，學堂裡設有專門祭拜孔子的地方，教書先生就是在這裡替大家上課。

除了本地的縣官之外，官府裡還會有刺史所住的地方。刺史是什麼呢？唐朝時候的刺史就像現在的市長，負責整個地區的行政事宜。

而在長安城中，最多的公共建築，除了一個市長和兩個縣令所在的縣衙官府外，就是駐京辦事處了。每一年，各地的市長也就是刺史們都要回京述職。在以前，這些回來述職的官員們是沒有特定住所的，他們要和跟普通人擠在同樣的客棧裡，所以每年的這個時候，客棧都會人滿為患。再後來，皇上瞭解了這個情況之後，心下一想，長久下去，京城定然會出亂子，於是特意規劃出一個地方，供那些回京述職的人解決住宿問題。

只不過在安史之亂之後，整個朝廷也都亂了套，對地方官管得就沒有之前那麼嚴了。這些各地的刺史也不用再每年來長安述職，一般來說，他們會每隔幾年來一次，於是慢慢地，這些辦事處就成了聯絡處。

整體來說，長安城裡除了宮城和皇城之外，最需要大家注意的地方就是官府，如果你不小心穿越到唐朝，一定要當心這幾個主要的地方，不要一不小心走錯了地方，否則後果可是很嚴重的。

十、阿彌陀佛，貧僧法號三藏

我們知道，古代人都是很迷信的，所以宗教在古代發展得十分興盛，在唐朝時期尤為如此。因為他們的政治環境比較寬容，所以幾種宗教在當時是可以並立的。

雖然如此說，但李唐家族最崇信的還是道教，因為他們姓李，所以他們總說自己是道教創始人老子，也就是李耳的後代。這是很正常的，歷朝歷代的統治者都會為自己的統治找個藉口，好讓老百姓知道自己這個皇帝是順應天命的，這樣做也是為了能夠讓百姓對自己心服口服。

而佛教，在唐朝時期也很盛行。我們最喜歡的電視劇《西遊記》裡，唐僧西天取經的故事就發生在唐朝。在故事中，李世民親自送三藏西行，還將他認為御弟。雖然《西遊記》是個神話故事，但唐僧西遊的事蹟卻是真實的。

歷史上的唐僧法名玄奘，世人常稱他為三藏法師。歷史上的三藏法師其實在決定去取經的時候，是沒有得到唐太宗李世民允許的，更不會有像電視劇中那種歡送的盛況。換句話說，當年三藏法師是「非法出境」私自到國外去取經。但是取經回來後，李世民非但沒有責難他，還親自接見他，並勸他還俗走上仕途為國家效力，當然，這樣的要

求自然是被三藏法師拒絕了。

　　除了三藏法師之外，在唐朝還有個和尚也被我們所熟知，那個和尚就是鑑真。唐朝時期佛教盛行，而在佛教的研究上，唐朝也算得上是在東亞地區首屈一指的。因此，很多外國的和尚都來中國學習佛法。而當時的鑑真和尚，更是被日本佛教界和日本政府延請到日本去傳戒。

　　鑑真和尚曾六次東渡，最後終於成功達到日本。他不僅將唐朝的佛法傳給日本，還將很多文化方面的成就也帶到了那裡。因此，他也被日本人民舉為「文化之父」、「律宗之祖」。

　　從上面的這些內容中，也能看出當時唐朝佛教的盛行程度。當時唐朝的都城有很多的寺廟和道觀，皇室的成員們也都對佛道二教很是虔誠。

　　唐朝的皇帝常常會突然下令將其他建築改造成佛寺。武則天就曾經把自己的更衣室捐獻給佛寺。西元713年，甚至還有皇帝把自己的起居室捐給了寺院。

　　而有的皇帝或者太子，因為和道教關係比較親密，也會把自己的住所捐給道士們做道觀。據傳說，唐朝的歷史上曾經有位公主，因為自己的丈夫去世，傷心欲絕，看破紅塵，最終出家當了道姑。

　　日本佛教學者道端良秀說：「據《唐會要》、《長安志》、《兩京城坊考》等資料所見，長安城內百餘所寺院，幾乎都是由貴族顯宦等統治者所造，並由他們所支持。地方的寺院也同樣，多由當地的豪族統治階層所經營。」

　　在當時的長安城，寺院占地廣闊，建築十分宏偉。幾個有名的寺院占地面積相當廣闊，如大興善寺在靖善坊占了

一坊之地，大薦福寺占開化坊南部一半，其塔院則在南面的安仁坊，開明坊主要為光明寺占有，大安國寺占長樂坊東部大半，大慈恩寺占晉昌坊東部的一半，大莊嚴寺占永陽坊東部的一半以及和平坊南北街以東的部分，大總持寺的規模與之大致相當。

那麼這些寺院都是做什麼用的呢？難道只是擺在那裡來彰顯統治者對佛教的熱衷程度？當然不是了。我們也說，統治者為了加強自己的統治，會讓百姓有自己的信仰，這樣，才更加有利於自己的統治。而寺院，正是有著這樣的作用。

朝廷會利用京城的這些寺院舉行各式各樣盛大、華麗的法會。這種情況我們在電視劇裡常常能見到。有的時候一遇到天災，有些拍馬屁的官員就會說：「請皇上去祭天。」這個時候皇帝去的地方大都是大型的寺院或者道觀。由此可見，這些寺院和道觀有的是以祈福消災（包括祈雨、治病等頗有「道術」意味的儀式）為目的，其他則多帶有祝禱、慶賀、紀念性質，舉辦這些儀式時往往伴以歡快的遊藝活動。而皇帝過生日，或者皇家祭祖，或者誰誰的父母親去世了，都會把和尚、道士集合起來，舉行紀念儀式，內容無非是講佛法、道經、皇家舉辦這些活動時會在朝廷內行香、開齋會，規模往往很大。

在慧立等所著《三藏傳》中，就記載了李世民迎接玄奘進入慈恩寺的情形：「（貞觀二十二年）十二月戊辰，又敕太常卿江夏王道宗將九部樂，萬年令宋行質、長安令裴方彥各率縣內音聲，及諸寺幢帳，並使務極莊嚴。

己巳旦，集安福街前，迎像送僧入大慈恩寺。至是陳列

於通衢，其錦彩軒檻，魚龍幢戲，凡一千五百餘乘，帳蓋三百餘事……又於像前兩邊各麗大車，車上豎常竿懸幡，幡後布師子、神王等為前引儀。又莊嚴寶車五十乘坐諸大德；次京城僧眾執持香花，唄贊隨後；次文武百官各將侍衛部列陪從。太常九部樂挾兩邊，二縣音聲繼其後，而幢幡鐘鼓，訇磕繽紛，眩目浮空，震耀都邑，望之極目，不知其前後……」

　　錢易還記載過內道場的一次儀式：「上元二年九月天平地成節，上於三殿置道場，以內人為佛、菩薩像，寶裝飾之。北門武士為金剛神王，結彩被堅持銳，嚴侍於座隅焚香贊唄。大臣作禮，近侍圍繞。設宴奏樂，極歡而罷各賜帛有差。」

◆圖為《玄奘取經回長安圖》，描繪唐貞觀十九年（645年），玄奘取經抵長安時受到盛情迎接的場景。

　　每次進行這種儀式的時候，都是非常熱鬧的。因為不

只會有和尚念經、講道，一些寺院還會請樂隊、舞蹈隊到寺院裡進行表演。可以說是鼓樂喧天，鐘鼓齊鳴，紅旗招展，人山人海。那熱鬧程度，不亞於今天的歡慶耶誕節。

就拿我們所說的這種祭典，在每年的七月十五，也就是常說的鬼節這時舉行，那天百姓們會放焰火和蓮花燈，來拜祭祖先，超渡亡靈，送走災禍和疾病。大家稱這種活動為盂蘭盆會。

這種盂蘭盆會或者說是盂蘭盆節，在今天的日本仍然存在。而且年輕人跟小孩子也都很期盼這樣的祭典。在那一天，各個城市、地區都會舉行慶典活動，有夜市，還會放煙火。大人、小孩都會穿上自己的民族服裝，比如浴衣，然後去參加祭典。

對於今天的日本人來說，過盂蘭盆節已經成為他們生活中的一部分，雖然宗教的意味已經很淡薄，但那種歡樂喜慶的集會，卻依然存在著。而反觀我們，代表著漢民族文化的服裝已經消失不見了，很多節日的風俗習慣，更是在逐漸消失中。

當然，除了上面所說的那些佛家事務之外，寺院也會參與到民間的俗事中，比如，他們會在集市中建造澡堂。怎麼樣，沒想到吧？其實因為唐朝統治者對佛教十分重視，導致當時的很多寺院都是很有錢的，所以他們也會進行一些商業性的投資。

有一家寺院，就在唐朝另一個都城洛陽裡開了一個澡堂。這澡堂不是為特權人物開的，而是什麼人都可以來。無論是什麼身分，都可以過來洗澡。不過這家澡堂並不是任何時間都開放，它一個月只會開放五天，如果錯過了這

個月的開放時間，那麼也只能等下個月的開放日再過來了。

當時的寺院還給廣大的老百姓提供了公共的遊樂場所，即專門的「戲場」。據記載：「長安戲場多集於慈恩，小者在青龍，其次薦福、永壽、尼講盛於保唐。」

寺院的繁盛，也帶動了當時的經濟貿易發展。一到寺院有活動的日子，小商小販們就都到寺院的門前來擺攤。那時候沒有城管，很多生意人都會挑著挑，擔著擔，甚至推著小車來門前從事買賣活動。可以說來這裡的人包括了各行各業的人，他們在這裡形成了一道亮麗的風景線。

總之，寺院在當時的唐朝占有非常重要的地位，但是到了今天，在長安城，也就是西安，保存下來的也只剩下大雁塔和小雁塔了。這未免會使人有些遺憾，身為現代人的我們，再也沒有機會見到當年那個時代的佛教昌盛。

不過，我們也說過，日本的奈良城是依照長安所建的，而今天的奈良，也仍然保持著古時候的原貌，所以，想瞭解當時長安城情況的人，可以去奈良轉一轉，雖然多少會些有不同，但筆者相信各位的想像力，當置身奈良的時候，大可依靠著想像來腦補當年的大唐景象。

十一、郊遊也是一種風尚

　　除了寺院之外，唐朝還有一個大型供人娛樂的場所，有些類似如今的公園。在說到這的時候，你可能還會想，咦！唐朝還有公園嗎？它在什麼地方？

　　事實上古代本來是不應該有公園的，現在我們看到的拙政園、獅子園等園林景觀，在當時都屬於私人園林，就和現在某某人家的後花園一樣。雖然在其他朝代都沒有公園，但咱們現在所說的這個時代是唐朝，那時候的經濟、文化已經發展到一定的高度，因此就算出現公園也不意外。

　　當時的朝廷為了豐富百姓的業餘生活，創造和諧穩定的社會，讓百姓們有地方可以旅行遊玩，於是特意規劃出很大一塊地方建造成公園，而這地方就是曲江。

　　曲江可以說是中國古代園林及建築藝術的集大成者，並被譽為中國古典園林的先河之一。這個地方古已有之，在秦朝的時候，始皇帝就已經在這裡修建了自己的私人花園，那個時候它的名字叫「宜春苑」。而到了隋朝時期，大興城就是倚曲江建造出來的。

　　但隋文帝的心中卻一直覺得不舒服，在他看來，如此折騰對他們楊家的風水不好，還可能會影響到他們的千秋霸

業。知道隋煬帝的想法之後，立刻有人出來拍馬屁說：「不如咱們把這個曲江改一改，挖成深池，然後隔到城外面，當成皇家園林。這麼做可以一箭雙鵰，一來呢，也可以破了不太好的風水，二來又多了一個遊玩之地，您說這有多好？」

但是，人算不如天算，費這麼半天的勁，隋朝也和當初建了「宜春苑」的秦朝一樣，毀在一個敗家子二世的身上。而隋文帝所做的一切，最後都便宜了唐朝的老百姓。

唐玄宗時期，皇上突然心血來潮，要對曲江進行大規模的擴建。於是，在隋朝的皇家園林的基礎上，曲江又修建了紫雲樓、彩霞亭、臨水亭、水殿、山樓、蓬萊山等，還建了從大明宮途經興慶宮直達芙蓉園的夾城。

這一次擴建，使得整個園林宮殿連綿、樓亭起伏。而這裡除了一些禁地之外，其他地方允許平民聚集遊覽，也因此成為了一個對公眾開放的園林區。這一項舉措不僅僅在古代都城的發展史上空前絕後，即使放眼整個中國歷史，也是絕無僅有的。

曲江池的北部，包括樂游苑在內，都是對外開放的，老百姓可以隨便來，不收門票。那時候不管你是什麼人，只要想來玩都可以。

每年科舉放榜之後，朝廷還會在杏園裡面大擺酒席，宴請中榜的進士們。一到這時候，曲江就會更加熱鬧，整個長安城更是全城沸騰。

曲江這個地方十分著名，很多文人雅士都會聚集在這裡舉行一些詩酒會，而且很多唐代詩人的作品裡面也都曾提到過這個地方。比如杜甫和李商隱，都以《曲江》為題，

寫過詩。

　　雖然這裡對普通百姓開放，但一定要記住，只能在規定的地方遊玩，那些皇家的旅遊勝地，可千萬不能涉足，除非得到皇帝的允許，否則性命丟了都是眨眼間的事。比如芙蓉園，那裡普通老百姓就不能進，所以就算真的去了曲江，也要長眼睛，別跑到不該去的地方惹事，當心掉了腦袋。

9.

住

得舒服很重要

一、房子不是你想買就能買的

如今隨著房地產業的發展，房價也水漲船高，很多百姓都吵著「房價已經成為自己生命的不可承受之重」了。為此，相關部門還曾搬出了一系列的限購令來抑制房價。

其實，這個「限購令」並不是現在才有的。在大唐朝，那房子也不是說誰想買就能買的。就算你真穿越回唐朝，想幫自己弄個安身立命之所，也並不是那麼容易的。如果你想當開發商，大撈一筆，那麼，你是打錯如意算盤了。

唐朝的房屋限購令是根據官階制定的。封建時代的等級制度森嚴，這點我們是知道的，而這一點也多多少少地表現在住房問題上。

當官者住的地方和平民老百姓住的地方，可謂有著天壤之別。但這事你還埋怨不得，因為不同階級的人住不同房子這件事，並不是當官的人自己要求的，而是由政府明文規定的。

法律規定了當官者住的公館與老百姓住的草屋，分別是什麼樣的大小，什麼樣的格局。這些內容明明白白，白紙黑字列在紙上，不容任何人反駁。在《唐六典・左校署》中，就有相關的記載：「凡宮室之制，自天子至於士庶，

各有等差。」

唐朝頒布的「營繕令」規定：「王公以下，舍屋不得施重拱藻井。三品以上堂舍，不得過五間九架，廳廈兩頭，門屋不得過五間五架。

五品以上堂舍，不得過五間七架，廳廈兩頭，門屋不得過三間兩架，仍通作烏頭大門。勳官各依本品。

六品七品以下堂舍，不得過三間五架，門屋不得過一間兩架。非常參官，不得造軸心舍，及施懸魚對鳳瓦獸通栿乳梁裝飾。其祖父舍宅，門蔭子孫，雖蔭盡，聽依仍舊居住。其士庶公私第宅，皆不得造樓閣，臨視人家。近者或有不守敕文，因循製造。自今以後，伏請禁斷。

又庶人所造堂舍，不得過三間四架，門屋一間兩架，仍不得輒施裝飾。又准律。諸營造舍宅，於令有違者，杖一百。雖會赦令，皆令改正。其物可賣者聽賣，若經赦百日不改去，及不賣者，論如律。」

這段話是什麼意思呢？翻譯過來就是說，如果不是王爺貴族這一級別的，你就別住那種建得像宮殿似的房子。三品以上的官員，不能超過五間九架，如果以此類推，那到了老百姓這裡，你不只不能超過什麼幾間幾架，還不能有裝飾，比如說雕個梁啊，畫個柱的，這可不行。一個普通老百姓，就得安分當個普通人，想要弄什麼藝術造型那是不可以的。

所以說，老百姓也不好混呢。現在的你可能只是買不起房，而在那個時候，即使你能買得起房子，也只能買一間寒舍。

一個普通百姓，想住一間大房子，那是完全不可能的。

但是對於那時的統治者來說，這種限購令，沒有任何的約
束力，畢竟整個天下都是他家的，他家想在哪蓋房子就在
哪兒蓋房子，想蓋多少就蓋多少。

◆圖為唐代三彩院落模型，由此可對唐朝時的房屋建制有所
參考。

二、上有政策，下有對策

富人、官人和限購令

說到這裡，就不得不說說唐朝公主在建房子方面的那些事了。

話說唐朝的公主們，好像都不是省油的燈。太平公主、平陽公主、高陽公主，單就這些唐朝的公主，都能寫成一本書了。不過這裡我們先按下不表，只說她們喜歡互相攀比的風氣，這就讓人受不了了。

不光衣著上要求華麗，對於住的地方，這些公主也是諸多挑剔，互相比著看誰住的宮殿更加漂亮、華麗。特別是到了唐玄宗時期，不只公主，就連妃嬪們都跟著刮起了一股奢華之風。

說到這裡，可能還涉及一個強拆的故事。

我們都知道楊貴妃有個姐姐，長得十分漂亮，甚至敢不施粉黛就跑去見皇上，也深得皇上的歡心，甚至獲封為虢國夫人。後來，這位夫人看上了一家姓韋的人住的房子，仗著皇上對自己的寵愛，硬是將其占為己有。

某一天，那位虢國夫人帶著大小奴僕，幾十人浩浩蕩蕩來到人家韋家的門口，看見韋家的公子正在門口站著，於是就問人家：「我聽說你們家的房子要賣？我看了看，這

房子還算不錯，我就勉強買下來吧，你開個價吧，這房子究竟要賣多少錢？」

事實上，人家根本沒有要賣房子，這都是虢國夫人為了強奪人家田地，順嘴胡說的。這位公子從來都沒有聽說過自家要賣房子，於是當時就傻了眼，緩了好久才說：「我們不賣房子。這房子是祖上留下來的，我們是不可能賣，您還是回去吧。」

這番話在強權者眼裡根本算不得什麼。他們哪管你是不是祖上留下的房子，人家說要，你就得給。於是這邊話音未落，那邊就有幾百人衝進宅子，開始拆了起來。

眾人七手八腳，拆完東邊拆西邊，拆完屋瓦拆房梁，反正是能拆的都拆了，只一會兒時間，整棟房子就剩下點文物古玩了。不過這位夫人好歹還算有點良心，還給韋家人留下了幾十畝的田地。

還有一個在歷史上頗有爭議的官員，名叫許敬宗。這個人就因為在武則天封后之前站對了邊，選擇支持武則天為后，因此在武后時期，過上了大富大貴的生活。

據《太平廣記》記載，這個人曾經建造飛樓七十間，令「妓女走馬於其上，以為戲樂」。飛樓也就是那個時候的高樓，咱們前面說過，三品以上堂舍，不得過五間九架，可是你看看人家，一上來就是大手筆，直接弄了七十間，你說這要到哪說理去呢？

唐朝還有個名將叫郭子儀，這個人戎馬一生，屢建奇功。大唐因他而獲得安寧長達二十多年，史稱其「權傾天下而朝不忌，功蓋一代而主不疑」，舉國上下沒有不尊敬他的人，而他的一生，也一直享有崇高的威望和聲譽。

據史料記載，他住的房子占了他所在的坊地的四分之一。正是「室宇奢廣，當時為冠」。但想想人家的那些功績，就算真的是這樣，恐怕一般人也不好詬病他。

名垂始終住居將相
有才有德有識有量

郭子儀

這些官員的住宅是越建越豪華，越建越奢靡。皇上一看，也覺得長期這麼下去不行了，得再想點什麼辦法來喝止一下這種互相攀比的風氣。於是到了唐文宗時期，皇上就下了一道詔令，限制逾制營造豪宅，否則將「委御史台彈糾，必嚴加黜責」。這道詔令出自《冊府元龜・帝王部・發號令》。

◆圖為郭子儀，唐代政治家、軍事家。早年以武舉高第入仕從軍，平息安史之亂的主要功臣之一。累官至中書令，封汾陽郡王，尊為尚父。

年八十五卒，追贈太師，諡忠武。

但我們不能小看了中國人的智慧，有一句話叫作「上有政策，下有對策」。不是說不給修豪宅嗎？你說的是不讓在城裡修吧？那咱們不在城裡頭蓋好房子不就成嗎？在城裡我就住個普普通通、不違制不越令的房子。有那閒錢，我到郊區蓋別墅去。於是，鄉間別墅又成為了當時官員們的「新寵」。

唐朝中後期，有個兩度為相的人叫李德裕。按常理來說，這個人應該算是一個好官。近代的梁啟超曾經把他和

管仲、商鞅、諸葛亮、王安石、張居正並稱為中國古代的六大政治家。他在任時期，做到了鞏固中央集權，使晚唐內憂外患的局面得到了緩解，可以說此人是一個大忠之人。但即使是這樣的人，也難免會有私心。

在《太平廣記》中記載，李德裕的住宅「舍宇不甚宏侈，而制度奇巧，其間怪石古松，儼若圖畫。」不只如此，這位大人還在鄉村蓋了別墅，《劇談錄》中寫道：「去洛城三十里，卉木台榭，若造仙府。有虛檻，前引泉水，縈回穿鑿，像巴峽、洞庭、十二峰、九派，迄於海門。皆隱隱見雲霞、龍鳳、草樹之形。」不用說別的，單看這些形容，就能知道這別墅的規模是相當壯觀的。

三、老百姓最不好混了

百姓和限購令

　　與皇族官員住房的奢華情況相對應的，就是普通老百姓的住房艱難了。雖說法律規定了百姓住宅的面積和戶型，但實際上到老百姓那裡，就完全不是那麼回事了。對老百姓來說，別說住宅面積達標，連想要有一片瓦來遮頭，都已經是一件非常不容易的事情。

　　唐朝大詩人杜甫的那首著名的《茅屋為秋風所破歌》裡形象地描述了老百姓住房問題的嚴峻性。

　　八月秋高風怒號，卷我屋上三重茅。茅飛渡江灑江郊，高者掛罥長林梢，下者飄轉沉塘坳。南村群童欺我老無力，忍能對面為盜賊，公然抱茅入竹去，唇焦口燥呼不得，歸來倚杖自歎息。俄頃風定雲墨色，秋天漠漠向昏黑。布衾多年冷似鐵，嬌兒惡臥踏裡裂。床頭屋漏無乾處，雨腳如麻未斷絕。自經喪亂少睡眠，長夜沾濕何由徹！安得廣廈千萬間，大庇天下寒士俱歡顏，風雨不動安如山。嗚呼！何時眼前突兀見此屋，吾廬獨破受凍死亦足！

　　所以那時的老百姓並不好過。在唐朝，除非你是當官的，否則即使你再有錢，也只是一個普通百姓。前面我們提到過，唐玄宗在位時，曾制定了一系列的土地政策，其

中就有一條這樣規定：「應給園宅地者，良口三口以下給一畝，每三口加一畝，賤口五口給一畝，每五口加一畝……諸買地者不得過本制。」看這一堆文言文，大家可能不明白這裡所講的良口、賤口都在說些什麼。

其實，想要理解也沒有什麼困難的。良口，就是良民，指你的家庭成分好，這樣家裡有三口人就能分到一畝宅基地。而家庭成分不好，就是賤口了，更簡單點來說，賤口就是指那些地位下賤之人，他們每五口人才能分到一畝的宅基地。不過，如果你有錢，你還是可以購買宅基地的，但並不是說你想買多少就能買多少，關於數量政府也是有固定限額。

政府規定的限額是多少呢？跟上面分宅基地的情況基本一致，平民家庭買地，每三口人，最多只能買一畝宅基地；如果是賤民家庭買地，每五口人，才能買一畝宅基地。

唐朝時期，並不是只要有錢，就可以辦成任何事情。雖說「有錢能使鬼推磨」這是自古以來就流傳下來的話，但在唐人這裡卻有些行不通。不管怎麼有錢，商人也一樣是普通老百姓，也還是得遵守國家制定的政策。就算家裡再有錢，人口再多，想要買很多的地也是不可能的，因為唐朝的政策裡規定了，每家每戶最多只能買二十畝地產。

你還別不服，想著我有錢，我是大爺，我就是不服這些，就想多買地。那麼，這是和政府作對。根據唐朝法律規定：「諸占田過限者，一畝笞十。」只要你屁股夠硬，那你就買吧，超過一畝打十板子。要想多買幾畝，還是先看看你屁股是鐵做的還是鑽石做的，能挨上幾板子再說吧。

四、唐朝的房地產業比較蕭條

房屋買賣和房產稅

　　根據前幾章的內容不難看出，唐朝的房地產市場不像我們現在這樣火熱，是有其自身特殊規律的。當時的土地所有制形式和政府對土地買賣的限制，都在極大程度上限制了房地產市場的發展。

　　唐朝時期的土地，基本都被有錢有勢的地主和貴族壟斷。所以，唐朝時的房地產也是這些人在掌控，那個時候的房地產業也主要集中在這些人的手上。

　　那時候沒有像現在一樣的開發商，而是由一些貴族、地主，組成了所謂的業主群體，在一幫富人之間進行新房建造和二手房買賣的生意。

　　那麼，那個時候的房價換算成現在的價錢到底是多少呢？我們可以來看一個例子。

　　唐宣宗大中十年（856年），居民沈都和因為急等錢用，準備賣掉自己的房子。當然，即使是唐朝，買賣房屋也是得簽合同的，所以按照慣例，他跟買方簽了一份房屋轉讓合同，合同上是這麼寫的：

　　「慈惠鄉百姓沈都和，斷作舍物，每尺兩碩貳斗五升，准地皮尺數。算著舍櫝物貳拾玖碩伍斗陸升玖合五圭乾濕

谷米。其舍及（缺），當日交相分付訖。」

好，那麼我們來看一下，這份合同說的到底是什麼意思。從合同上來看，其內容大致包括這個房屋的面積和價格。這套房子按面積來計價的話，每尺價值小麥兩碩二斗五升。

另外房子裡所有傢俱陳設也隨房子一塊兒出讓，也就是精裝修的價格，加在一起是價值小麥二十九碩五斗六升有餘。

計算下來，每0.09平方米就得650元，那麼每1平方米的話，就是6962塊錢左右。這個也就差不多是盛唐時期的房屋價格了。大家可能覺得這價格真是挺低的，要是在現代，房子早讓人搶瘋了？但你也要想一想當時人們的收入程度和物價水準啊。

如果你查閱當時的資料，可能就會發現，那個時候的錢一點都不好賺。當時，無論是當兵吃政府飯的還是給私人打雜的，普通老百姓的收入大概也就是每月兩石小麥。換算成新臺幣，也就是1380元左右的月薪。就像我們今天說的，一年算下來，不吃不喝，能買個幾平方米。要真想買間大一點能住人的，估計也得奮鬥個幾十年才行。所以，與我們現在的上班族對比，他們那時候也同樣不好過啊。

之所以說唐人時尚，還因為一點，我們現在所說的房產稅也是從唐朝時期開始徵收的。

唐德宗建中四年（783年），為瞭解決軍費困難，朝廷想出了一些雜稅名目，以充開支。而房產稅，就是其中之一。但在當時，這種稅並不叫房產稅，而是叫「間架稅」。

想想也對，營繕令裡都是以幾間幾架來計算房屋，那麼那個時候的「房產稅」叫「間架稅」也就很正常了。

唐 德 宗 像

◆唐德宗李适，742年5月27日—805年2月25日），唐代宗長子，唐朝第九位皇帝（除武則天和唐殤帝以外），在位26年，享壽64歲。

在位前期，堅持信用文武百官，嚴禁宦官干政，頗有一番中興氣象；但涇原兵變後，文官武將的相繼失節與宦官集團的忠心護駕所形成的強烈反差使德宗放棄了以往的觀念。在執政後期，德宗委任宦官為禁軍統帥，在全國範圍內增收間架、茶葉等雜稅，導致民怨日深。

「間架稅」是以房屋為徵稅物件，也就是以每屋兩架為間，按屋的好壞分為三等，「上屋稅錢二千，中稅千，下屋五百。」官吏闖入民人家室計算其數。

對於那些房產多的人來說，「出錢動數百緡」，如果敢有隱匿一間不報的，杖六十，賞給告發者錢五十緡。

不過，根據史料記載，這間架稅推行得並不順利。因為到後來稅吏苛擾，民相告訐，不勝其擾，到783年10月，涇源兵在長安叛變，以「不稅爾間架、除陌」煽動民眾從變。最後，唐德宗不得不被迫廢除此稅。

不管怎麼說，我們不難看出，唐朝的老百姓想要住上一間普通的房子，可以說是萬分艱難，即使有錢，房子也不是自己想買就能買，想住就能住的。

五、我們那時候有園林，你們有嗎？

園林裝修

　　不管在什麼時代，裝修都是一門學問。剛剛講了住房問題，現在一定有很多人，都對唐朝房屋的裝修產生了興趣。下面筆者就來跟大家說說唐朝的裝修。現在我們就來一場旅行，到唐人家裡去做客。

　　這一次，我們來到了唐朝的一個有錢人家，而這家人也十分好客，聽說你是來參觀他房子的，就十分高興地同意了你的請求。接下來，我們的參觀之旅就正式開始了。

　　這是一個帶有園林的大宅子，雖說這裡的園林不像皇家園林那麼漂亮，卻也別有一番風味。唐朝時期的有錢人都喜歡在自己的宅子裡弄些石頭、假山，來顯示自己與眾不同的品味。宋代的李格非在他的《洛陽名園記》後論中記載：「方唐貞觀、開元之間，公卿貴戚開館列第於東都者，號千有餘邸」。即使是一些文人，也難免會表現出自己對奇山異石的喜愛。據主人介紹，這裡曾經是大詩人白居易的宅子，而且當初還頗得白居易的歡心。

　　據說白居易是當時文人裡非常喜歡園林的一位，他認為，一個大氣的宅院，至少要拿出一半的面積用來修建園林。而不管是什麼樣的園林，都必須得有一個湖，並且其

中還必須種上很多竹子。白居易一生不但愛園、造園、賞園，更留下了大量的園林詩文，他的一生都與園林結下了不解之緣，也為我們今天瞭解唐代的園林提供了大量的資料。

他對園林的研究之深，僅從他的《草堂記》中就能看出一二。「匡廬奇秀，甲天下山。」剛開篇，我們的大詩人就對自己深愛的廬山進行了一番讚揚。而這句讚揚可一點都不簡單，幾乎在後代成為了對廬山眾口一詞的評判，而他也開了誇獎廬山的先河。「春有錦繡谷花，夏有石門澗雲，秋有虎溪月，冬有爐峰雪。陰晴顯晦，昏旦含吐，千變萬狀，不可殫記。」然後，白居易又用舒緩的筆觸，描述出廬山草堂的四周美景和環境，言語中無不包含著對廬山的喜愛和自己超凡脫俗的審美情趣。「三間兩柱，二室四牖，廣袤豐殺，一稱心力。洞北戶，來陰風，防徂暑也。敞南甍，納陽日，慮祁寒也。木斫而已，不加丹；牆圬而已，不加白。砌階用石，冪窗用紙。竹簾紵幃，率稱是焉。」後來有人說，白居易這篇遊記，是對廬山草堂建築的真實寫照，此篇也成為人們研究中國古代園林的重要史料，而《草堂記》亦被視為中國園林學的奠基之作。

說著說著，竟然講起白居易的《草堂記》來了。離題了！剛才舉那個例子只是為了說明白居易對於唐朝園林有著深刻的影響，我們還是繼續回到這個宅子中來吧。

西元829年，白居易白老爺子退休了，這下子可好了，能過上閒雲野鶴般的生活了。於是他走走遊遊，就來到了洛陽。四處轉了轉，總算發現了一個可以蓋別墅的好地方，就是如今這個宅子的所在地。在他老人家的心裡，這裡可以說是整個洛陽景色最好的地方，簡直是天福寶地。於是，

他買下了這塊地，並且自己親自擔任設計師，建造了這個宅子的園林。

在白居易的《池上篇》中，我們能夠看到這個園林的景致。他這樣說：

十畝之宅，五畝之園。有水一池，有竹千竿。

勿謂土狹，勿謂地偏。足以容膝，足以息肩。

有堂有庭，有橋有船。有書有酒，有歌有弦。

有叟在中，白須飄然。識分知足，外無求焉。

如鳥擇木，姑務巢安。如龜居坎，不知海寬。

靈鶴怪石，紫菱白蓮。皆吾所好，盡在吾前。

時飲一杯，或吟一篇。妻孥熙熙，雞犬閑閑。

優哉！遊哉！吾將終老乎其間。

從這篇文章就能看出來，這個園林的建造與白居易的園林思想是一致的。十畝的宅子，其中有五畝是園林。園林中有水池，還有千竿竹子。在這個池子的東面，設計的是存放糧食的糧倉，池子的北面是書房，而池子的西面是一個涼亭，這個涼亭有專門的地方來放置琴臺。更絕妙的是，在這個琴亭裡還專門放置了一個石頭做的大罐子。

看到這裡，你一定會覺得奇怪，甚至還有可能會圍著這個大罐子轉來轉去，東摸摸，西看看，想知道這個東西到底是做什麼用的。這時候，主人就會告訴你它的用途了，這是用來裝酒的。

這唐朝的詩人果然都是能喝之人，這麼個大玩意兒，能裝多少酒啊？開一回宴會喝這麼一罐子，開一回來一罐子，這不都是酒鬼嗎？不過這也正是那些文人騷客的樂趣所在。撫琴、飲酒、吟詩、作對，這樣的生活豈不快哉？

◆圖為白居易廬山草堂遺址。

　　我們再看湖中央。白居易在湖中央建造了三座假山，有人說他的這個設計靈感來源是傳說中東海的三個神峰，但具體是不是真的出於此，那恐怕也就只有他自己才知道了。

　　連接假山和湖畔的是幾座小橋，通過這幾座小橋，我們可以自由出入湖中心的那幾座奇峰。當然，這麼大的湖，怎麼也得有個遊船什麼的，所以白居易從「上有天堂，下有蘇杭」中的杭州，弄來了蓮花和遊船。

　　這遊船對白居易的生活可以說是帶來了很大的樂趣。沒事的時候，他就會邀請三、五個好友來他的園子裡聚會，在湖上泛舟。

　　知道白居易有多聰明嗎？為了能使聚會宴席的食物等保

持新鮮，他把這些東西比如肉、水果都放到一個防水的袋子裡，然後再把袋子放到水裡，拴在船尾，用船拖著走。等到吃完船上的，再把袋子撈上來，袋子裡的也吃光後，就會有僕人給他們送新的過來。

當然，來參加聚會的人也不會空手而來。他們都會給白居易帶來一堆禮物，有的送座小橋，有的送給他釀造美酒的祕方啊，有的送給他古箏、樂譜啊，還有人會投其所好送給他一些怪石，而這些東西也為這個園林增色不少。

在園林的湖中，有白居易從杭州帶回來的蓮花。花園中，種著牡丹。大家都說牡丹是花中之王。關於牡丹，還有一個很有趣的故事。

相傳，武則天有一次想遊覽上苑，便專門宣詔上苑：「明朝遊上苑，火急報春知。花須連夜發，莫待曉風吹。」當時正值寒冬，面對武則天甚為霸道的宣詔，「百花仙子」領命之後趕緊準備。

第二天，武則天遊覽花園時，看到園內眾花競開，卻獨有一片花圃中不見花開。細問後得知是牡丹違命，武則天一怒之下便命人點火焚燒花木，並將牡丹從長安貶到洛陽。誰知，這些已燒成焦木的花枝竟開出艷麗的花朵，眾花仙佩服不已，便尊牡丹為「百花之首」，「焦骨牡丹」因此得名，而它也就是今天的「洛陽紅」。

六、古色古香

書房、客廳和臥室

　　如今白居易已經不在了，而宅子也已經易主，你沒辦法見到大名鼎鼎的白居易，真是一種遺憾。

　　不過，你並沒有後悔來這裡。只是如今已經在園子裡轉了大半天，你也累到不行了，想要找個地方歇歇腳兒，喝喝茶。於是這宅子的主人邀請你進屋休息，並打算款待你。

　　主人的邀請，自然不能推辭，於是你隨著主人走進了客廳。而這時，你會發現房屋的整個結構都是木質的，包括房梁、柱子和椽等，都刷成了亮色。

　　主人說，在其他房間裡，還有一些沒有上色的，特意留出了木頭的紋理，也是十分別緻的，能給人一種自然、純粹的美感。

　　屋子的窗戶，並不像我們常常在電視裡見到的那樣是用油紙貼成的，而是用絲綢做窗紙，由此也能看出，這戶人家是非常有錢的。可以用這種上等的布料來做窗戶紙，那得多有錢？你自己去想像吧。

　　不過用絲綢來貼窗戶確實要比用油紙好看多了，陽光灑在窗戶上的時候，會映照出絲綢本身的顏色，紅的、綠的、青的，色彩斑斕，賞心悅目。

看到眾人的驚訝之後，主人卻笑著說，他這種用絲綢來裝飾的算不上什麼，還有很多更有錢的人會用金銀來裝飾門簾、窗櫺等。

在房間裡坐著的時候，忽然聞到一股奇異的香氣撲鼻而來，你連忙請教這種香氣是從何而來的。主人說，他用沉香的粉末與水、泥混合之後刷在牆上，因此久坐之後，便會聞到這種沉香的味道，而這種香味有安神醒腦的功效。

喝了一會兒茶，主人提議帶著遊客到書房去看一下。現代人因為生活節奏快，人們很難靜下心來讀書了。很多人家的書房對於他們來說，不過是給自己撐門面的地方，一屋的書架，上面擺滿了書，卻根本就沒有認認真真地讀過一本，現代的書籍幾乎已經成了日常生活的裝飾品。而在古代就不一樣了，那些文人的書房真的是個可以讓人感受到文化氣息的地方。

一進書房，就有一種書的氣息撲面而來。主人有點不好意思，解釋說因為家裡的藏書太多，沒有辦法一次都搬到外面曬太陽，所以會有些時間久遠的味道。也是這裡的書真的很多，多到書架放不下，擺在地上的書把窗臺都擋住了，也難怪會這樣。

主人很自豪地說，這裡的書他自己已經看得差不多了。不過，仔細想一想，在這個年代，沒有電腦，又沒有電視，每天吃完飯總不能躺下就睡吧，因此看書恐怕是最好的消遣方式了。

如此看來，我們對於現代人不愛看書，真的沒有必要過於苛責，畢竟，現代可以分散精力的事情實在太多了，讀書這種在很多人眼裡費力不討好的事情，自然就越來越少

人喜歡做了。

出了書房，左手邊的就是主人的臥房。雖然心中知道不應該對別人的隱私有太多地窺探，但因為對古代人住的地方實在太過於好奇，所以你還是厚著臉皮請主人帶你去參觀一番。

◆圖為洛陽白居易故居復原圖。

推開門進屋後，首先映入眼簾的就是屏風。這種東西對現代人來說，也並不會太過陌生，畢竟在電視劇裡我們也常常能夠看到。據主人說，屏風是很多大戶人家必不可少的傢俱，屏風上幾乎都有著字畫裝飾，既可以欣賞，又可以裝飾房屋。

而古代的床，和我們在電視上看到的差不多。四個角都有小柱子，柱子上懸掛著帷帳。只要掛上帷帳，即使在裡面睡個天昏地暗，也不會受到亮光的打擾。

在床的旁邊有一種折疊的椅子，主人說這是從西域那邊傳過來的。記得以前看書的時候，曾經看到過這樣的說法，在唐朝之前，人們更喜歡席地而坐，使用的桌子也都是矮矮的案子，人們就在地上的席子上，盤腿而坐。而真正意義上的椅子，據說是在唐朝才開始出現的。

所以說，唐朝真的為我們這些後來人做了很多引進的工作，讓我們能夠享受到現在這種舒適、便捷的生活。

我們看日劇或者韓劇的時候，就會發現，韓國和日本這些亞洲國家，其實還保留著席地而坐的習慣，日本還有一種叫作榻榻米的床墊，據說也都是從唐朝傳過去的。這些習慣能夠保持至今，也足以見得唐朝的影響深遠。

說著說著，好像又說多了。我們回到椅子上來，這種椅子，叫作胡床，從名字也可以知道這種椅子是從胡人那裡傳過來的。

雖然「胡床」的使用最早始於兩漢，但其真正開始普及卻是在唐朝。李白的《寄上吳王三首》中說：「去時無一物，東壁掛胡床。」這體現了這種折疊類床椅真正地做到了攜帶便捷，平時不用的時候，就可以掛到牆壁上，用的時候，再從牆壁上取下來即可。

在白居易的《詠興》詩中有云：「池上有小舟，舟中有胡床。床前有新酒，獨酌還獨嘗。」看來，這種胡床方便到可以帶到船上去坐。

一路下來，基本上該看的地方都已經看過了。再有就是後院。唐人的後院基本就是堆放雜物的地方，這裡有廚房和馬廄。這些並沒有什麼特別的，所以即使不看也沒有什麼損失。

不管在什麼年代，裝修都是一門學問，對於唐人來說，裝修更是有很多的講究。如果房間和園林弄不好，那會給別人留下笑柄的。

◆唐朝李壽墓的石槨上發現的手持「胡床」的仕女（右一）
　線描圖

　　當然除了講究美感外，唐人還很講究風水。唐朝有一個
皇帝，特意在屋子的四周都貼上了鏡子，有的大臣就說了，
這樣對風水很不好，很容易讓國家四分五裂啊。於是，皇
帝就下令把這些裝飾都拿下去了。

　　所以說，裝修也不能完全按照自己的性子來，要想把自
己的家弄得舒服、美觀，也並不是那麼容易的事情。

10.

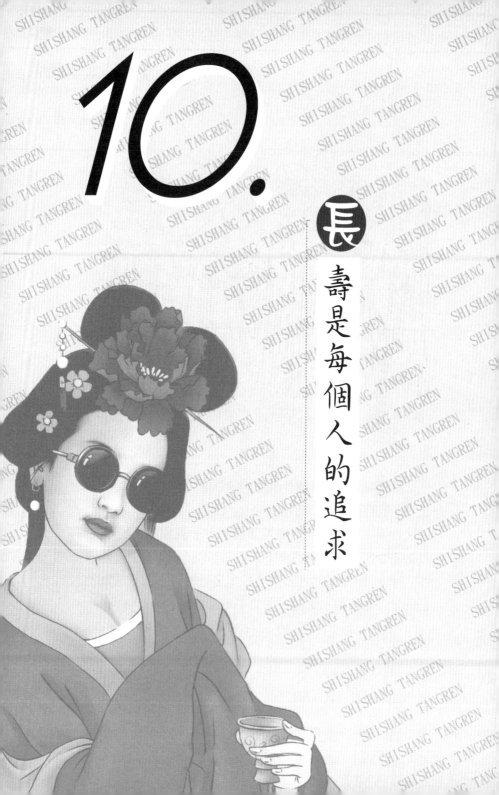

長

壽是每個人的追求

一、能讓我死得明白點嗎？

迷信

　　中國有句老話，叫「死也要死得明白」。意思就是說，我反正都要死了，你總得讓我知道我到底是怎麼死的吧。

　　其實，人的死亡原因無非有三種：一種是自然死亡，當人到了一定年齡的時候，人體機能就完全退化了，根本沒有辦法再維持身體的正常運轉，於是，挺不住就去世了；第二種叫作天災，也就是不可抗拒的力量所導致的死亡，不過，我覺得疾病也應該算是天災的一種；再有一種就是人禍了，也就是人為導致的死亡，一般是指意外被人殺害等。

　　在我們現代，如果人生病了可以去醫院看醫生，經過醫生的檢查就能知道自己得的是什麼病。但在古代想知道自己得了什麼病，可不是一件簡單的事。

　　為什麼會這樣呢？答案其實很簡單，因為古代的中國人有著很強的宗教意識。信道教也好，信佛教也罷，信徒們都認為在冥冥中有一種超自然的力量在主宰著一個人的一生，包括生病也是如此。因此，一個人如果生病了，家人和當事者本人的第一反應是，造成這種情況的原因是神仙或是妖魔鬼怪，或者是被人下了蠱，中了巫術什麼的。完全不會往自己的身體機能這方面考慮。

　　說到這裡，你可能還不太相信，那我們就來看一個在古代看來很正常，但在今天看來卻很滑稽的事情。

　　有這麼一個商人，家裡面很有錢，幾乎富可敵國。這個人沒有兒子，只有一個女兒，因此，他對這個女兒疼愛有加。他的女兒長得很漂亮，但美中不足的是，這丫頭的鼻孔下面長著兩、三公分長的息肉，那形狀還有點像毛豆，反正無論怎麼看，都有些影響美觀。

　　要說只是有礙觀瞻的話，倒也能忍了，問題是，這息肉還會妨礙呼吸，只要一呼吸，就連帶著心臟、後脊梁一起疼。這可把老爺子給愁壞了，為了替她治病，錢沒少花，但卻一直未見效。

　　有一天，幸運來敲門了。從天竺，也就是今天的印度那一帶來了一位得道高僧。機緣巧合下，他化緣化到這家門口。可能人家真是神通廣大，能感覺到這家有一個病人，於是就敲了這家大宅的門。一會兒，院裡的僕人就出來開門了。高僧施了一禮，道：「我知道你們府上有位小姐得了一種奇怪的病，這種病除了我沒有人能治好，不如你請你家老爺出來，我說與他聽。」僕人趕忙回稟老爺。老爺一聽，這可是好事啊，於是連忙跑著親自把高僧迎入家中。

　　診病的過程十分神奇，只見高僧從懷裡拿出來一包白色的粉末，將其吹入富商女兒的鼻孔中。等了一會兒，就將息肉拔掉了，更加神奇的是，這位富家小姐竟然沒感覺到一點疼痛。

　　老爺一看，喲，還真是厲害，真的藥到病除了，於是心裡想著，怎麼也要施捨給這位高僧黃金百兩作為治病的報酬，但是高僧卻一直不肯接受，說：「貧僧是出家之人，

自是以慈悲為懷，普度眾生，如今你女兒的病已好，我不求金銀，只求你能答應我把這兩塊息肉帶走。」老爺一聽有些驚訝，心想這東西要它有什麼用？但最後還是帶著疑惑點了點頭。

高僧救了小姐，本來是做了好事，算得上這家的座上客，這位老爺本來打算邀請高僧在他家住下，但這位高僧一聽人家答應把息肉給他，竟然飛也似的離開了。

要說這世上的事，就是無巧不成書。話說這高僧前腳剛走，就來了一位騎著白馬的帥哥。這帥哥問府裡的僕人，剛才是不是有個僧人從這裡離開。僕人覺得奇怪，今天還真是怪事多，怎麼來府上的人一個接著一個呢？但剛才見識過高僧的能耐之後，他們對眼前的人也不敢怠慢，因為誰知道面前的這位又是什麼來頭呢？

於是那僕人跑回大堂請老爺出來，與這位帥哥見面。老爺說，剛才確實來了一位天竺的僧侶，然後他將當時的情況跟面前的帥哥說了一遍。之後便一臉好奇地看著帥哥，等著他解釋自己找僧侶的原因。

帥哥聽說僧侶已經走了，眼中流露出失望，整個人像鬥敗了的公雞，一下子就沒了精神。老爺一看，面前的人竟然如此失望，心中有些驚訝。

過了好一會兒，帥哥才終於從打擊中恢復過來了，說：「唉，我是從天上來的。最近，我們玉皇大帝的兩位御醫不見了，我們找了好久，才發現他們變成了息肉藏在你女兒的鼻孔中。我這次就是奉旨到凡間來捉拿這兩位御醫的，沒想到還是晚了一步，讓那位僧侶拿走了。我回去要怎麼交差啊？」說完只好快快地走了。

◆圖為晚唐時期的《觀音像》壁畫，繪者佚名，縱127.6公分，橫89.2公分。現收藏於美國納爾遜・艾京斯藝術博物館。唐朝時期的宗教繪畫有很多，由此也可以看出當時的人們的宗教信仰。

　　從這個故事，我們就可以看出來，在古代，人們對於疾病的理解並不像現代這麼透徹，這在很大程度上限制了當時人們的壽命。

　　除了神仙會使人生病之外，還有中邪說，被鬼附身說，讓人詛咒說，總之，很少有人能夠想到，自己之所以會生病，是因為身體出現了問題。

二、想當醫生嗎？先學了再説吧

我們剛剛所講的故事雖然說的是古代，但卻不是唐朝時期流傳下來的故事，具體是什麼時代，已經無法考究了。而走在時尚前沿的大唐朝，經濟高度發展，雖然也有很多愚昧的人，但整體來說，不管在思想上，還是在行動上，都是十分先進的。因為，那個時候已經有了世界上最早的醫學院，也就是唐朝時期的太醫署。

雖然說太醫署這個名稱早在南北朝時候就已經有了，而在那個時候，太醫署也就是在全國範圍內負責管理醫療和保健的部門，其真正發展成正式的醫學院，還是在唐朝。

簡單來說，唐朝的太醫署，已經有了今天醫學院的雛形，對學科也有了比較嚴格的劃分。具體來說，那時的太醫署有行政、教學、醫療幾個學科分類，這在當時絕對是首屈一指的，即使在世界範圍內也是第一家由國家出資興辦的醫學院。

這所醫學院成立於西元618年，一直到西元626年之前，都在不斷地發展。而到了貞觀三年的時候，唐朝政府又在各州府陸續創辦了地方的醫學館，也就是相當於現在地方的醫學院之類的學校。

　　怎麼樣，唐人很酷吧？看看人家的專業分類，在那個時候就已經很科學了。詳細說來，也可以分為醫學和藥學兩大部，而在各部下，又可以分為幾門。比如醫學部下，有醫、針、按摩、咒禁四門，根據唐朝《新唐書‧百官志》中的記載，就是「一曰體療，二曰瘡腫，三曰少小，四曰耳目口齒，五曰角法」。

　　再來就具體說一下這幾門。體療科，和今天的內科差不多。瘡腫科，作用類似於我們現在的外科。你身體的哪個地方碰撞了，起瘡了，長痂了，就到這裡看病。少小科，這個不用說了，就是我們今天的兒科。還有耳目口齒科，這個就是五官科。除此之外，還有個角法科，提供的是艾灸、拔火罐這一類的服務。夠齊全了吧，那個時候除了不能給人動手術之外，所有現代醫院具備的功能也都算湊齊了。

　　說到外科手術，不得不在這裡提到一件事情，如果當年曹操沒把華佗殺了，那麼今天中國的醫學說不定會是另外一番光景。

　　關於中醫為什麼沒能得到更長足的發展這件事情，我們先按下不表。單說唐朝的醫學機構。要說對於醫學院管理的嚴格，那個時候和現在相比可是絲毫不遜色的。

　　人家負責管理方面的官員也都各司其職。太醫署的頭兒，也就是專門負責整個醫院運行的人叫作太醫令，就是今天的醫學院院長，官不算太大，是從七品下。在他下面的，是從八品下的太醫丞，共有兩人。另外有醫監四人，差不多是副院長或者是院長助理這一級別的。除此之外，還有從九品下的醫正，共八個人，這些人員類似系主任。而在當時各個系別還設有博士和助教。那麼這些人主要都

在教些什麼呢？且聽筆者慢慢跟你說明。

◆唐朝時期，中國建立了第一所太醫署。圖為太醫署的場景重現雕塑。

　　針博士，從字面意思我們也知道他們是教針灸的。主要是教人識別人體的經脈和穴位，然後再告訴學生們應該怎麼給病人施針治病。根據《舊唐書・職官志》中記載：「掌教針生以經脈孔穴，使識浮沉澀滑之候，又以九針為補瀉之法。」

　　還有按摩博士，就是教人推拿按摩的。即使在科學已經十分發達的今天，針灸和按摩在外國也是十分的流行。很多國家，甚至將這兩項技術作為移民工種，為這類技術人才廣開移民的大門，這足以見得中醫在世界範圍內的影響之廣了。

因此，也可以說唐朝在中醫方面給我們現代人提供了很好的基礎。關於按摩博士，在《新唐書・百官志》中有相關的記載：「掌教導引之法，以除疾，損傷折跌者，正之。」

其實要說最神奇的，還得說是咒禁博士。他們所屬的學科和我們之前說的那種鬼神之類造成的疾病有關係。但具體到底那些疾病是不是這些原因導致的，當時誰又真的能說得清呢？這個咒禁科，在當時也算得上應運而生的一個學科。

因為有需要，那就得提供這方面的服務啊，要不怎麼說人家唐人想得周到呢？據說咒禁博士主要負責教學生如何禱告，怎麼用符咒，怎麼解巫術，聽起來很像玄幻小說。不過，這種治病的方法，在如今幾乎看不到了。

很多人都知道，這所謂除巫除鬼的辦法，無非是用心理暗示的療法來達到治病救人的目的，但當時的醫生究竟是怎麼做的，如今已經不可考了。

說到醫博士，還有件事情要重點交代一下，也請各位讀者朋友注意。唐朝時期，地方上還有一種叫作醫學博士或者醫藥博士的官職，但其職能和醫博士是不同的，他們並不負責教書育人，更多的是負責為自己這一片的管區做醫療普及、藥方普及等。其職能和現在的各地方衛生局類似。所以千萬不要把這二者弄混了才是。

除了醫學部之外，我們還不能忽略了另一個部門，就是藥學部。雖說藥學部並沒有像醫學部那麼受重視，但從現在來看，當時其規模也不算小。而且那時，藥學部的設施還很齊全，甚至設有專門的藥園，也就是用於栽培和識別藥物的教學基地。

在《舊唐書・職官志》中，有藥園的相關記載：「藥園編制，府二人，史四人，掌固四人，司總務；主藥八人，藥童二十四人，管制配藥；藥園師二人，藥園生八人，管藥物栽培。」這裡面提到的藥園生，差不多就是學生了，一般都是十七、八或二十二、三歲的年輕人，他們在這裡跟著老師學習中藥的分類、栽培、採集、加工等一系列技能，同時還要學習怎麼貯存藥材，怎麼配藥以及藥材使用上存在哪些禁忌等相關的知識。

　　看到這裡你可能在想，現在的醫學院一般是七年制，而且即使七年畢業後，還得讀研究生進行深造，在醫學院，就算讀到博士生都不為過。那麼在唐朝的時候，是不是很容易就能當上醫生呢？當然不是的。

　　千萬不要小看了唐朝的醫學院，那地方可不是隨便一個人想去就能去的，想要在醫學院功成名就，哪是那麼容易的一件事情？

　　首先，學生入學以後，並不是馬上就能學習一些專業性的東西，而是要先從最基本的知識學起。像《素問》《神農本草經》這種書，就屬於基礎課程，只有你把這些知識掌握紮實了，才能繼續往下學習。

　　接下來的學習就是分科了。喜歡哪科，覺得自己擅長哪科，就去那科學習相關的知識。但這些學科的學制是不一樣的，有的三年，有的五年，有的則長達七年。

　　根據《唐六典》記載，「體療者七年成，少小及瘡腫五年，耳目口齒之疾並角法二年成」。畢業之前，國家還會安排臨床實習。至於能在學院中學些什麼，我們前面也已經做了說明。

　　學完了上面所說的那些課程，你心中覺得自己已經很優秀了，應該可以順利成為醫生了。但我只能說，你又想錯了。因為即使你學了這麼多年，你也不一定能夠順利地從太醫署畢業，因為人家也是有考試的，只有考試合格之後，才能順利畢業。如果不用考試就直接讓這些學生成為醫生，那這世上的庸醫豈不是要千千萬萬了？好在唐朝的管理制度十分嚴格，所以成功杜絕了這種情況的發生。

　　入學的時候，要進行入學考試是肯定的。除了入學考試之外，每個月、每個季度、每一年也都要進行考試。看看這考試的頻繁程度，是不是一點也不比我們今天的考試差？在當時要是考試考出了好成績，政府還會給一些類似獎學金的獎勵，要是考得不好，也不會受到過多的責罰，不過，你自己還是得知道努力。一次考得不好，就考兩次，兩次還考不好，那就三次。

　　不過，你也不能以為學校會對你這麼一而再，再而三地放任下去。正所謂事不過三，你可不能三番五次都落於人後。特別是當你學完九年，卻還是無法精通，那就只能對不起了，因為無法讓你畢業。太醫署的人是不能放你這樣的人出去禍害其他人的，因為你根本沒有當醫生的姿質，只能勸你趁早改行了。

　　所以，一般遇到這種人時，太醫署基本上都是直接就強令退學了。這一點從《唐六典》中也能看出來。「博士月一試，太醫令、丞季一試，太常丞年終總試。若業術過於見任官者，即聽補替。其在學九年無成者，退從本色。」由此可見，不光學生得考，老師和職工也都得考。

　　會有這樣的情況也可以理解，俗話說，學無止境，活到

老學到老，身為老師，當然要在技術和知識上與時俱進，才能成為學生們的榜樣，不然一個老師連學生都比不上，還能教得了學生嗎？

◆圖為唐時的考場，學子們正在進行考試。

　　雖然說名字不一樣，但唐代太醫署教學安排和專業的劃分與今天高校教育還是有著很多相通之處的。這也更能說

明唐人的厲害了。這麼完善的醫學制度在那個時候就已經形成了，怎麼能不讓人佩服呢？因此，大唐能夠威名遠播也就可以理解了。

這種叫作太醫署的類似醫學院的形式，在當時也是得到了各國的紛紛效仿。比如朝鮮，也學習了這種管理方法，而其教學用書也是中國的《素問》《神農本草經》等。日本也將這些規定為必須學習的教科書。但無論他們如何效仿，在規模和管理模式上，還是不能和唐朝的太醫署相比。

如今，在日本、韓國等地，中醫仍然十分受歡迎。日本曾經做過一個調查，普通的感冒，採用中醫療法的話，兩到三天基本就可痊癒，而使用西醫的療法，通常要用一周左右的時間才能好轉。所以說，中醫學其實還是博大精深，值得發揚光大的。

三、孫思邈到底活了多少歲，你知道嗎？

如果說西醫是哪裡疼醫哪裡的話，中醫就是把握身體的全區域，讓身體的機能得到調和。整個中醫學，其實說白了就是養生學。

什麼是養生呢？用通俗一點的話來說，就是保養生命。《呂氏春秋》將醫學定義為「生生之道」──前一個「生」是動詞，是「提高」的意思，後一個「生」是名詞「生命力」的意思，「道」是根本性的規律。

養生就是人類提高自身身體素質、自身康復能力的學問，其目的是達到延年益壽的境界。如果真的想達到養生的目的，還是要對古代人的養生進行有系統的研究，下面就來看看老祖宗是如何利用中醫進行養生的。

提到唐朝的那些有名的醫者，估計大家第一個想到的就是孫思邈。孫思邈被人稱為中國乃至世界史上偉大的醫學家和藥物學家之一，被後來的人稱為「藥王」，甚至有很多的華人尊他為「醫神」。因此，提到養生，就不能不提這號偉大的人物，現在就讓我們來看看孫思邈這個人。

　　孫思邈出生於南北朝時期的北周，卒於西元682年的唐朝。至於他的真實年紀究竟有多大，有很多傳說，現今有六個版本，最小的說他的壽命為102歲，還有說他活了120

歲、131歲、141、165歲，甚至還有說活了168歲的，有人覺得他應該活了141歲。因為他的著作《千金要方》續編中，已經說過了，是他在自己一百多歲的時候寫成的，換句話說他不可能在一百多歲時寫《千金要方》續編，而在102歲的時候人就沒了，因為這有點不符合邏輯。

◆圖為孫思邈（581—682），漢族，唐朝京兆華原（今陝西銅川市耀州區）人，被後人譽為「藥王」。

　　不管他究竟活了多少歲，都不妨礙這位老爺爺成為當之無愧的老壽星。如果他活在現代，那一定會打破金氏世界紀錄，成為史上壽命最長之人。

　　而這個人之所以厲害，就在於他所生活的年代，並不是醫療已經極其發達的現代，而是距今一千多年前的朝代，在那個醫療尚不發達的時期，能活這麼久，可見這人對養生有很深的研究。

　　事實上，孫思邈小時候一直是體弱多病的。那時甚至有人說他活不了多久，然而他最後卻活到了百歲以上，這不

得不讓人驚訝。

為了醫治他身上的病，家裡人已經散盡家財，但卻一直不見成效。但上天對任何人都是公平的，雖然沒有給他一個好的身體，但卻給了他聰明的大腦。從小孫思邈就聰穎過人，七歲的時候，就已識千字。到他二十歲的時候，他對《老子》、《莊子》以及很多的佛教經典都已經爛熟於心，甚至十分精通了，也因此他被人稱為「聖童」。

因為自己的身體不好，花了家裡很多錢，卻還久治不愈，孫思邈心中十分過意不去。因此，在他十八歲時，他立志要學習醫學，這樣不僅能給自己治病，還可以為百姓獻出一份力量。

二十歲時，他開始為鄰里鄉人診病。他的醫德十分高尚，他認為作為一個醫生，第一責任就是用盡一切辦法去解除病人的苦痛。他對所有的病人都一視同仁，不管是有錢沒錢，有勢沒勢，只要是病人，他都會用心去醫治。

為了研究藥草學，他遍訪中國的名山，峨眉山、終南山、太白山等地都留下了他的足跡。在這些地方，他過著半隱居的生活，一邊幫人診病，一邊採集研究草藥，同時還會做一些臨床試驗。

人們都說，繼漢朝的張仲景之後，孫思邈是中國第一個全面系統研究中醫藥的探索者，他可以說是為中國中醫的後繼發展奠定了堅實的基礎。

他一生留下了八十部著作，就像我們前面說過的，到了一百多歲，他還在將自己的心得創作成書，其中《千金要方》和《千金翼方》的影響是最為巨大的，這兩部巨著加在一起有六十卷，《千金要方》是對唐代以前醫藥學成就

的系統總結。人們說它是臨床醫學的百科全書，對後世醫學的發展有著深遠的影響。

　　如果你對孫思邈感興趣的話，可以在網上搜索他的相關資訊，詳細瞭解一下。根據網路上對這位藥王的資料整理，我們可以知道，孫思邈對國藥學的貢獻有「二十四個第一」。什麼是「二十四個第一」呢？我們往下看。

1. 醫學巨著《千金要方》是中國歷史上第一部臨床醫學的百科全書，被國外學者推崇為「人類之至寶」。
2. 第一個完整論述醫德的人。
3. 第一個宣導建立婦科、兒科的人。
4. 第一個麻風病專家。
5. 第一個發明手指比量取穴法的人。
6. 第一個創繪彩色《明堂三人圖》的人；
7. 第一個將美容藥推向民間的人。
8. 第一個發現「阿是穴」的人。
9. 第一個擴大奇穴，選編針灸驗方的人。
10. 第一個提出複方治病的人。
11. 第一個提出多樣化用藥外治牙病的人。
12. 第一個提出用草藥餵牛，而使用其牛奶治病的人；
13. 第一個提出「針灸會用，針藥兼用」和用於預防的「保健灸法」。
14. 系統、全面、具體論述藥物種植、採集、收藏的第一人。
15. 第一個提出並成功試驗使野生藥物變家種。
16. 首創地黃炮製和巴豆去毒炮製方法。
17. 首用胎盤粉治病。

18. 最早使用動物肝治眼病，動物肝富含維生素A。

19. 第一個治療腳氣並最早用穀樹皮煎湯煮粥食用預防腳氣防止腳氣復發，比歐洲人早了一千年，穀樹皮富含維生素B1。

20. 首創以砷劑（雄黃等）治療瘧疾，比英國人用砒霜製成孚勒氏早一千年。

21. 第一個提出「防重於治」的醫療思想。

22. 首用羊靨（羊甲狀腺）治療甲狀腺腫。

23. 中國歷史上第一位深入民間，向群眾和同行虛心學習、收集校驗祕方的醫生。

24. 第一個發明導尿術。

看到這裡，你是不是也覺得孫思邈是個很厲害的人呢？這麼多的東西都是他第一個發明的。唐朝時期發達的文化，造就了很多這樣名垂千古，對後世影響巨大的大人物，而這些人的存在，也推動了整個唐朝的發展，進而使唐朝走在時代的尖端。

好了，有關孫思邈的事情，我們講完了，同時也瞭解了他的相關著作。那麼接下來，我們就來看一看，他到底是怎麼養生的。

四、喝水都能長壽？

　　中醫最講究的其實是飲食養生，也就是我們常說的「藥補不如食補」。

　　自古以來，中國人就認為民以食為天，但如果不對這些飲食加以控制，講究食材的搭配，反倒可能會因為飲食不慎，引起疾病。

　　孫思邈的《千金要方·食治》中說：「人體平和，惟須好將養，勿妄服藥……夫含氣之類，未有不資食以存生，而不知食之有成敗……安身之本，必資於食，救疾之速，必憑於藥。不知食宜者，不足以存生也；不明藥忌者，不能以除病也……當須先洞曉病源，知其所犯，以食治之。食療不愈，然後命藥。」

　　在古代人的養生中，最注重的就是對水的選擇。特別是在道教十分盛行的唐朝，認為水乃是人類食物中的精華。雖然飲水很重要，但水也不是可以胡亂喝的，在喝什麼水，怎麼喝上，還是有很多講究的。

　　那時候喝水講究的是喝井華水。什麼是井華水呢？就是指早晨天一亮，就去井裡提取的井水，水從井裡提上來之後，還要先攪動數十次，把上面的泡沫去掉之後才能喝。

據說這樣的水是井水中的精華，味甘、性平，有安神鎮心、清熱助陰的功能，更能除口臭，簡直比口香糖還有用啊。

其實這種喝水的方法，早就已經有了。晉朝時候的葛洪在他的《肘後備急方》的第四卷記載著服水的《治卒絕糧失食饑憊欲死方》。

而到了唐朝時候，孫思邈更在其《千金翼方》的第十三卷辟谷服水方中寫出了服水禁忌法，由服水法發展到服水辟谷服氣法，從魏晉唐五代以來，這種服水養生的方式流行過一段時間。

五、這酒和茶的功效還真不少啊

藥酒和藥茶

　　說到以水養生，我們還不得不提另外兩種在古代也十分重要的東西。其實之前，我們也講過這兩種東西，那就是在唐朝十分盛行的酒和茶。

　　酒和茶對於唐朝人民來說，簡直就是居家旅行必備良品。離了這兩樣，唐人的生活就會失去了很多的樂趣。

　　其實酒和茶有著很強的養生功效。特別是黃酒，常常作為中藥的藥引子，在中藥的運用中十分流行。在黃酒中加入一定的草藥，就可以配成養生的藥酒。在《藥酒序》中有記載：「夫酒者，穀蘗之精，和養神氣。性惟慓悍，功甚變通。能宣利胃腸，善導引藥勢。今則兼之名草，成彼香醪，莫不采自仙方，備乎藥品，屙恙必滌，效驗可憑。」可見藥酒有著很多的養生功效。

　　在唐朝盛行的藥酒中有地黃酒、黃精酒，枸杞酒、菊花酒、菖蒲酒、松葉酒、松脂酒、柏葉酒，以及桃仁酒、杏仁酒、神仙烏麻酒、三石酒等，這些藥酒都能達到輕身明目、延年益壽、補氣血、壯筋骨等作用。

除了藥酒以外，茶也可以製成藥茶。就是用草藥代替茶泡製成水，或者將一些特定的草藥加在茶裡。

在隋唐時期，隱居在嵩山、王屋山的一些道士就會自己製作一些藥茶來喝，比如松葉茶、柏葉茶、甘菊茶、杏仁茶、桃仁茶等。這些茶看起來是不是很眼熟呢？這裡面的甘菊茶、杏仁茶我們現在也常常會飲用，而事實上，唐朝的時候就已經有人開始製作這種茶飲了。其實這種茶飲的製作方法很簡單。比如甘菊茶，有明目清肝的功效，能

治虛勞醒腦。製作的時候採摘整朵菊花，洗淨、風乾後再搗成末就可以了。一般都是在五月的時候，採取菊花的莖，九月再採菊花。

◆圖為唐代七星井遺址。七星井浚於唐懿宗咸通八年（867年），共有七口，此為其一。井水甘甜清冽，即使遇到大旱之年，井水也不會枯竭。

再比如薄荷茶。薄荷這種東西大家都知道，味道很衝，頭疼腦熱、鼻塞不通、嗓子疼的時候，含服薄荷製品可以解決很大的問題。在唐朝時就是將採下來的薄荷葉風乾搗碎之後，沖水服用，可以治療腸胃虛火、大便乾燥和痔瘡等。

除此之外，中醫認為最養人的東西是粥。大家可能覺得粥不起眼，平時也不那麼講究喝粥，但從古至今，粥卻一直都被認為是好東西。唐朝的大詩人陸游還特意寫了一首詩來說喝粥的好處，正是「世人個個學長年，不悟長年在

目前。我得宛丘平易法，只將食粥致神仙」。

在孫思邈的《千金要方》《千金翼方》兩部巨作中，將粥作為「食療」的專項進行了專門的講解。而且其中，還記載了很多民間通用的粥譜及其功效。比如說用穀皮糠煮粥，可以防治腳氣腫脹病；防風粥可以去四肢風痹症。

當時另一個養生方面的專家張鼎寫的《食療本草》中，也記載了一些其他的粥譜。在修道之人看來「五穀、五畜、五果、五菜，用以充飢時謂之食，用以療病時謂之藥」，將稻米和穀物與藥物搭配，煮成粥，可以達到相輔相成的作用。這樣既可以應用到藥物的治病功能，又能借助穀物的扶正調理功能，可以說是寓藥於食，亦醫亦補，簡直就是一箭雙雕的做法。正如《本草求真》中說的：「米雖常食之物，服之不甚有益，而一參以藥投，則其力甚巨，未可等為泛常而忽視之。」

大家看到這裡一定已經發現喝粥的好處了，所以以後還是要遵從老祖宗的養生之道，多喝點五穀雜糧粥，這樣對身體是十分有好處的，透過這種方法可以治療的病症，就不要去吃藥醫治了。畢竟是藥三分毒，經常吃藥對身體是有一定害處的。

總之，大家想要養生，健康長壽，可以去找古代這些「老神仙」的書讀一讀，瞭解一下什麼叫「內外兼修」的養生。而且，孫思邈也指出，要想真正達到養生的目的，除了食補和藥補之外，一定要修心。

保持一顆平常心，對健康來說是有好處的。喜、怒、哀、樂、驚、恐、悲，這些情緒對於健康來說其實都是大忌，特別是突如其來的大喜或者大悲，都會傷心、傷肝。

在《千金要方》中特意指出：「雖常服餌而不知養性之術，亦難以長生也。」就是說如果不從心態上進行調整的話，所謂的養生其實是無從談起的。在此，也告訴大家：「養性之道，莫久行久立，久坐久臥，久視久聽。」「常少思少念、少欲少事，少言少笑，少愁少樂，少喜少怒，少好少惡行，此十二少者，養性之都契也。」所有這些說穿了，就是要我們擁有一顆「平常心」。但要做到「平常心」，對於我們這些生活在物欲橫流的社會中的人來說，又談何容易？

看來，我們想達到唐朝的孫思邈或者其他那些養生達人的境界，幾乎是不太可能了，我們也只能透過寫這些有關他們的東西，來向他們表達我們最崇高的敬意了。

11.

唐

人的婚姻觀

一、緣分是一種很奇妙的東西

月老

現代人戀愛結婚一般都是自由的，能夠遵從自己的心意，但在古代不一樣。古時候的婚姻基本上都是父母之命，媒妁之言。但有一點幾乎相同的，就是在男女雙方由於種種原因不能結成夫妻，或者不能牽手走到老的時候，很多人都會說「沒有緣分」或者「緣分盡了」。

那麼，到底什麼是緣分呢？在這裡我們不得不提到一句大家都熟悉的話「千里姻緣一線牽」，說的就是人與人之間的緣分，其實早就已經註定。而這句話，也是從唐朝開始流行的，這裡面還有一個動人的小故事。

這個故事的出處，是唐朝人李複言的《續玄怪錄‧訂婚店》。故事說，在陝西杜陵有這麼一戶人家，姓韋。這戶人家幾代單傳，到了韋固這一輩，因為他的父母在他年幼的時候就已經撒手歸天，因此全家只剩下他一個人了。

古代講究繼承香火，韋固因為沒有父母，再加上他是單身一人，一想到自己萬一哪天出個意外，連給自己收屍的人都沒有，心裡便難受。而且，如果自己就這麼死了，沒能為韋家留下個一兒半女來傳承香火，也是不孝的事情，因此他就想早點娶個妻子，給自己添個兒子。

　　可是說來也巧，雖然他到處找人替自己做媒，但是卻沒有一家的姑娘肯嫁給他。他心中憂愁，這可怎麼辦呢？

　　後來的一天，他因為有事要到清河去一趟，途中經過一家宋城的客棧。那個時候的人都很好客，他在客棧中遇到一個人，兩人可說是一見如故，於是晚上就在客棧裡把酒言歡。

　　酒過三巡，菜過五味，韋固說起了自己的愁事，朋友一聽，說：「這有何難，大丈夫何患無妻，我給韋兄做個媒便是了。」於是，此人便給他介紹了一個曾經在清河縣做司馬的人的女兒，並約好第二天一早就在西面的龍興寺門口見面。

　　雖然約的是明天一早，但韋固沉不住氣，早早地，外面天還沒亮的時候，他就已經起身收拾好了，動身前往龍興寺。

　　走著走著，他看到有個老人坐在月光之下，背後靠著一個布袋，正坐在那裡翻看著一本像是書的東西。他心裡很好奇，心想：「此時天色還未大亮，這老人坐在這裡借著月光看書，這是多麼神奇的一件事情啊。」人都有好奇心，當遇到自己感到好奇的東西時，都會有想一探究竟的心理，基本上沒有人能夠免這個俗，要不怎麼說好奇害死的不只是貓呢？

　　韋固是一個普通人，他自然也有這份好奇心，於是他走上前，並沒有說話打斷老人家，只是坐在老人的身邊，和他一起看書。但令韋固感到奇怪的是，這書上所寫的字，竟然沒有一個是他認得的。這下子，韋固更是丈二和尚——摸不著頭腦了。大晚上的在這裡看書也就算了，借著月光看書也可以不提，但這書上的字還像鬼畫符似的，就實

在讓人太好奇了。

過了好一會兒，韋固終於忍不住了，心想自己好歹也是個讀書人，這滿書沒一個自己認識的字，這不是侮辱自己的智商和學識嗎？他又不想就這麼走了，因此，只好向老人請教。

「老人家，請問，您看的這是一本什麼書？」韋固的語氣十分恭敬。

老人哈哈一笑，說：「這可不是普通的書，是一本可以掌管人間婚姻的書。」

韋固一聽，眼睛都發亮了。那時候的人不像現在，現在要是有個老頭拿本書坐在月亮底下看，書上的字你還都不認識，你問他是什麼書，他說是婚姻書，那麼你十有八九會認為這個人是從精神病院跑出來的。

但是唐朝那時候對於鬼神這類的東西，還是很相信的。因此，本來就對自己婚姻十分擔憂的韋固，一聽到這個老人手裡有這麼一本書，自然是十分感興趣。於是，他忍不住向老人請教，自己此番前去見前司馬的女兒結果會怎樣。

老人掐指一算，說：「不行，你和這個人沒有緣分，命中註定不可能在一起的。像你現在想找個小偷或者屠夫的女兒都不太可能成功，更何況是找個曾經當過官的人家的女兒呢？我勸你還是趕緊打消這個念頭吧。」

韋固又問：「那你說我未來的妻子是什麼人，在哪裡，在做什麼呢？」老頭支支吾吾地不願意說，因為在神仙看來，這是一件洩漏天機的事情。但是他禁不住韋固在自己耳邊囉囉嗦嗦，只好心一狠，告訴他：「你未來的妻子現在才三歲，還是個小孩子，你要想娶她，還得等到她十七

歲才行，日子多一天，少一天，都不行。」

韋固對這個老頭說的話將信將疑，心裡不住地嘀咕：「這老傢伙，竟然說我未來的妻子現在還只是個三歲的娃，到底是不是騙人的啊？」老頭從韋固的表情中，看出了他的想法，也知道他對自己不是那麼信任，因此也就不再說什麼了。

兩人沉默了一會兒，韋固又追問道：「既然老人家說我未來的妻子現在才三歲，那您能告訴我她現在在哪裡嗎？我能去看看她本人嗎？」老人可能也是為了讓他相信自己說的話，就帶著韋固，一起去找那個女孩子。

兩個人走在清河的市集上，四處搜尋著。這時，老人看到路邊有一個盲人老太婆在街邊賣菜，懷裡還抱著一個兩、三歲的女孩。老人碰了碰韋固，用手指給他看，說：「看到那邊了嗎？那個老太婆懷裡抱著的小女孩，就是你未來的妻子。」

順著老人的手指望去，韋固看見這個老太婆衣衫襤褸，而且她懷裡的小女孩看起來也是黑乎乎的，看了就不順眼，他心裡湧起一股厭惡之情。老人知道韋固心裡老大不樂意，又接著說：「你放心，這個女孩子以後生的兒子一定會做大官，她就是當官的媽了，而且……」老人咳了一下，拍了拍手裡的袋子，清了清嗓子繼續說：「而且我跟你說，你看到這個袋子了嗎？這裡面裝的是紅繩。這些紅繩可不是普通的紅繩，而是用來繫在有緣男女腳上的。這些男人和女人從生下來的那一天開始，我就已經把紅繩綁到他們的腳上了，不管這兩個人是什麼身分，是世仇之家也好，貴賤懸殊也罷，就算天涯海角，兩地相隔，只要繫上這個

紅繩，最後必會終成眷屬。你和那個孩子的腳上也早就繫上了這條紅線，不管你如何不樂意，如何反抗，這樁婚姻都是你左右不得的。」說完這番話，老人一下子就不見了。

剩下韋固自己一個人，站在那裡呆若木雞。他覺得這老傢伙是滿嘴胡言，想自己一介書生，也算是官宦之後，怎麼可能娶這個盲人老太婆的女兒呢？更何況那丫頭看現在的長相就不好看，長大了想必也漂亮不到哪裡去。再加上兩人在年齡上也有差異，怎麼想這也是不可能的事。但那老爺子突然就消失了，也有可能真的是神仙，這樣一想，這話還真就不可不信。如果他說的是真的，那該怎麼辦呢？

回到家，韋固想了又想，心裡還是覺得彆扭，於是，自己親自磨了一把刀，交給家丁，告訴他這個盲婦人長什麼模樣，她懷裡抱的小孩又長什麼樣子，二人現在在什麼地方，並交代這個家丁，務必把孩子解決了，這樣自己才能放心。家丁回來之後，對韋固說自己已經砍了那個盲婦人，但因為市集裡的人太多，他不敢看人到底死了沒就跑回來了。過了一段時間，韋固也沒再想這件事，日子越久他忘得越乾淨。

令他感到奇怪的是，在這之後，他曾多次向別的姑娘求婚，最後卻都被拒，這讓他的心裡也犯嘀咕。就這樣一晃十四年過去了。按時間推算，當年那個三歲女童也正好是十七歲了。但韋固並沒有再遇到合適的人，而此時他也已經承襲了自己父親的官位，在相州做官，混得也算是有模有樣了。

相州的刺史王泰，十分賞識他，於是決定把自己的女兒嫁給他。洞房花燭夜，韋固揭下了蓋在新娘頭上的蓋頭，

心裡十分驚訝。這個女孩子年紀約莫十七歲，容貌十分漂亮，有一想之美。什麼叫一想之美呢？這個詞意思是說在每個人的心裡都有一個標準，自己想要找什麼樣的女人做自己的妻子。而面前的這個女孩，完全合乎他心中所想，於是就叫一想之美。

可是這麼漂亮的一個姑娘，她的眉間卻用花瓣遮蓋了起來。韋固覺得奇怪，於是就問她，為什麼要在那裡用一片花瓣遮蓋，是不是有什麼不能見人的？姑娘一聽他這話，眼淚便撲簌簌地掉下來，泣不成聲。好一會兒她的情緒才平復下來，之後她向韋固講述了一段往事。

「我本來並不是刺史大人的女兒，只不過是他的侄女而已。我從小父母雙亡，幸虧有乳娘的撫養，才能夠活下來。在我長到三歲的時候，乳娘帶我到城裡去賣菜，卻不知道從哪兒跑來一個惡賊，提著刀就砍下來。乳娘沒來得及護住我，我的額頭就被砍傷了，乳娘也傷了手臂，但幸好沒有生命危險。這之後，雖然傷口癒合了，但卻在我的額頭上留下了難以磨滅的印跡，因此，我只好把它遮住，讓人不至於被我臉上的傷疤嚇到。」

韋固聽得渾身冒冷汗。好久，韋固才用顫抖的聲音問：「你的乳娘是不是有一隻眼睛是看不見的？」姑娘聽了他的話後很驚奇，問韋固怎麼會知道。韋固這時才不得不相信十四年前那位老人所說的話。於是一五一十地把自己當初怎麼遇到老人，怎麼起了歹心派人去殺她們二人的事全都講了出來。

姑娘聽了之後，也沒有說什麼，只是歎了口氣，說：「看來，這真是一切都是命，半點不由人啊。」自此之後，

兩人十分恩愛。幾年後，家裡添了個胖小子，長大後做了雁門的太守，被封為太原郡公，他母親還受到了封賞，成為太夫人。所有的一切，都和老人說的一模一樣。

因為這個故事，人們便用「千里姻緣一線牽」來形容男女之間牢不可分的緣分。兩人之間的那條紅線，是想斬也無法斬斷的。而那個在月光下看書的老人，也就成了現在我們口中的「月老」，而「月老」正是月下老人的意思。

◆圖為月老月下看書。月老在中國民間是一個家喻戶曉的人物，他是中國民間傳說中主管婚姻的紅喜神，也就是媒神。月老以赤繩相繫，確定男女姻緣，這反映了唐人姻緣前定的觀念，這是唐人命定觀的表現。

二、人面不知何處去，桃花依舊笑春風

你看，這唐人是不是很新潮，連月老這種說法都是從他們那裡傳下來的。但其實「千里姻緣一線牽」的產生，也不是偶然的。唐朝時期的婚姻相比於其他朝代，要開明一些，雖然都是封建社會，難免會有條條框框的束縛，但對於唐朝時的年輕人來說，他們可選擇的範圍要比其他朝代的人大很多，這個我們也可以從另一個故事裡看出來。

有一首很著名的唐詩叫《題都城南莊》。如果看到題目你還沒想起來這首詩的話，那麼當你看到裡面的內容時，一定會大呼一聲：「啊，原來是這首詩啊！」這首詩的詩文如下：「去年今日此門中，人面桃花相映紅。人面不知何處去，桃花依舊笑春風。」怎麼樣，這首詩是不是很熟悉，熟到都能倒背如流了？

如果知道這首詩，想必大家也一定知道這個故事吧。這個發生在唐朝大詩人身上的故事，也正好可以說明姻緣真的是「千里一線牽」。

有一年的春天，桃花都已經開滿城了。有一個叫作崔護

的舉子，出遊長安城南郊。

那一天清風襲襲，鳥語花香，正是出遊的好天氣。崔護一路走一路看，走得口也乾了，可是此地離城已遠，想找家小店也不是一件容易的事，於是他就打算再往前走走，看看能不能找一戶人家討杯水喝。

再往前走，眼前是一片桃花林，粉紅色的桃花綴滿枝頭，一陣陣風吹過，桃花香氣撲鼻，讓人好生陶醉。人走在其中，彷彿置身真正的桃源仙境一般。

崔護沿著林中的小路一直走，在他的眼前出現了一個用籬笆圍成的小院，小院除了籬笆外還有幾間小屋，看起來樸素卻又雅致，這種地方正迎合了崔護這種讀書人的品味。於是，他決定上門討水。

崔護敲了幾下門，心裡想著出來開門的一定是位鶴髮童顏的仙翁，但當門打開的一瞬間，崔護呆住了，因為出來的並非老翁，而是一位打扮樸素的妙齡少女。這女子雖然穿著粗布衣裳，卻也難以掩飾她眉間那說不盡的萬種風情。崔護一時間竟看呆了。

少女的笑聲打斷了他的思緒，原來這個女孩看到崔護的樣子有些好笑，禁不住噗哧笑出聲來。崔護連忙作揖，說明自己的來意。少女想了一會兒，便將崔護引入屋中，安排他就座後，自己出去打點茶水。

崔護看著周圍，只見屋子四周都是書，滿滿地排在書架之上。書架上沒有一點灰塵，眼前的桌子上還整齊地擺放著筆墨紙硯。再看牆壁，正中央掛著一副對聯，上聯是「幾多柳絮風翻雪」，下聯是「無數桃花水浸霞」。由此可以看出這裡的主人絕非一般附庸風雅之人，因此，崔護不禁

對這戶人家感到好奇，想要一探究竟。

少女端來茶之後，也不多說什麼，給客人敬了茶之後，自己也在一邊落了座，兩人之間突然多了些尷尬，靜默成為屋內的空氣佐料。崔護想：「這樣下去不行啊，我得找個話題啊，要不這場面多讓人難受。」他搜腸刮肚地想著該說些什麼，但紅著臉半天只憋出了一句話：「今天天氣真好啊。」姑娘一下子就笑了出來，兩個人之間的尷尬局面終於解除了。

崔護也不再扭捏，說這裡的景色漂亮，沒想到在長安郊外竟然有如此的世外仙境，這裡絕對是今天自己所遊覽的地方中最好的了。總之，話語裡雖然全是恭維之詞，但他的話聽起來卻十分誠懇，一點也不會讓人覺得討厭。

少女坐在旁邊聽著他侃侃而談，也不搭話，只是微微笑著。慢慢地，崔護的詩性大發，他把以前那些很有名的遊春古詩都評價了一番，然後頓了頓，說他最喜歡詩句是「花開堪折直須折，莫待無花空折枝」，說完之後，他用懇切的眼神看著少女，想從少女的臉上看出她的心思。

這個少女名叫絳娘，從小就是一個心思機敏的姑娘。此刻，一個男子坐在自己的屋子裡，說出如此意味深長的話，像絳娘這麼聰明的女子，又怎麼會不明白他的意思呢。但對於一個知書達理的姑娘來說，又怎麼可能會對一個只是剛剛見面的男子的表白做出回應呢。況且她從小到大所受的教育也不允許她在這種時候有半分逾越。因此，即使明白他話中的意思，姑娘也只是羞紅了臉，不做任何回應。

崔護也非浪蕩之徒，他也是飽讀聖賢書之人，剛才那種「點到為止」的話已經是他下了很大決心才說出來的，看

到絳娘沒有做出回應，自己也不可能再有進一步的舉動，因此一時語塞，不知道該怎麼辦了。崔護在心裡想，自己剛才如此大膽，是不是已經讓姑娘嫌棄了？

要知道，古代社會裡的人認為「男女授受不親」，此時此刻，孤男寡女共處一室，在當時來說，已經是禮數不全了。也還好是在僻野的鄉村，並沒有人看到，如果是在長安城中，此番行為可以說是大逆不道了。因此，雖然男有情、女有意，卻都無法越禮數半步，只能讓彼此間的情意慢慢地消散於靜默之中。

看看窗外，已經日薄西山，崔護知道自己不能再繼續叨擾下去，只好向姑娘道謝後，一步三回頭地出了屋去。他不知道，其實絳娘也不想讓他離開，只是沒有辦法說出口，也只能站在院門處，倚在籬笆門上，默默地看著崔護越走越遠，直到那讓自己愛戀的身影漸漸地消失在落滿夕陽的地平線。

就這樣，本來應該在一起的兩個人錯過了。這一次的相遇在崔護的眼中和心裡可能只是一次邂逅，但對於那位名叫絳娘的女孩來說，卻相當於她生活的全部。因為除了思念，她平日裡也沒有什麼事情可以去做。少女的心就這樣被那個偶然相見的男子給偷走了，但這當中的相思之情，卻不可向外人道。

但崔護不一樣，他是一個書生，平時每天都忙於功課，日日夜夜都為了能夠金榜題名而努力著。春遊一遇，可能只是他生命中的一個點綴，過了，也就淡了。因此，那件事和那個女子，就像過往種種的回憶一樣，被他壓在了心底，不再想起。

　　時光如水，一年的時間很快就過去了，一轉眼就到了第二年的春天。

　　這一天和去年同樣天氣宜人，桃花依然開滿了城裡城外。崔護看著大片大片的桃花，心中好像有什麼在悸動，心底有一個人影不停地向上翻騰，他一下子想起了去年在那個恍若世外桃源的地方，遇到的那個溫婉可人的女子，一種想要見她的情緒在腦海中滾滾而來，無論如何也揮之不去，於是，他做出一個決定，他要再去見一見那個女子。

　　決心一旦下了，他就馬上付諸行動。在對女子的思念和浪費了往日時間的懊悔中，他快步走上曾經熟悉的路。這一次，他無心去欣賞路邊的美景，只是一味地趕路，巴不得能在身上插上一雙翅膀，趕緊飛到姑娘的身邊去。這一路上的種種，仍然是昨天的模樣，但此時崔護的心情早已不復當初。

　　在城外兜兜轉轉，他終於找到了曾經的那片桃花林，穿過樹林，他見到了那曾經的小屋，一切好像都沒有任何改變，時間的流逝在這裡彷彿不存在似的。而崔護也覺得和絳娘的相遇，彷彿就發生在昨天。

　　走近小屋，他沒有像去年那樣先敲門，而是隔著籬笆大聲地說：「在下遊春到此，路過此地，想討杯水喝。」此時此刻他的心裡滿是漣漪，希望能像去年一樣，絳娘緩緩地開門，並半掩柴門地和自己說話。

　　但過了好一會兒，也不見有人來開門。只有他的聲音在空蕩蕩的林子裡久久迴盪。他只好又喊姑娘的芳名：「絳娘！絳娘！」但還是沒有人應聲。他呆呆地站在門前，失了色。看到門上，才發現自己是被想見故人的衝動沖昏了

頭腦，竟然沒發現柴門上那把大大的銅鎖，竟然一直在那裡，像對自己示威一樣，告訴自己曾經心儀的女人已經不在這裡了。

去年自己曾經說過：「花開堪折直須折，莫待無花空折枝。」沒想到，竟然還是落得這個下場。風景依舊，小屋依舊，只是人去樓空。但他仍然不死心，沒有選擇當即轉身離開，而是走到桃花樹下，坐了下來，苦等著不知道會不會出現的女子。

◆圖為清朝吳友如繪《人面桃花相映紅》。

　　夕陽西下，已經是家家升起裊裊炊煙之時，姑娘卻仍未歸還，崔護整顆心都空蕩蕩的。他推了推院門，門竟然開了，原來那個鎖並沒有鎖住院門。崔護進去之後，他才發現屋子裡真的沒有人。小屋的窗戶還開著，從窗戶望進去，還是去年的樣子，筆墨紙硯就擺在窗前。

　　崔護也顧不了許多了，手從窗戶伸入，拿出了筆墨，在房門上揮筆作下了那首著名的《題都城南莊》。其實，這首詩並不是一蹴而就的，而是經過了他的反復雕琢，才終成這首千古名詩。「去年今日此門中，人面桃花相映紅，人面不知何處去，桃花依舊笑春風。」寫下這首詩之後，崔護就快快地離開了。

　　回到家之後，崔護的心裡更加難受。之前走的時候他並沒有這麼思念這個女子，但此番未見伊人面，卻令他備感想念。他在心裡猜測著女孩去了哪裡。院門並未緊鎖，窗戶也沒有關嚴，人應該沒有走太遠。那麼她去了哪兒呢？掃墓？探親？春遊？或者，她已經嫁人了？一想到這種可能，崔護的心裡就揪得疼了又疼，絳娘那姣好的容貌不時地浮現在他的腦海中，即使在夢中，也是打開柴門的絳娘正站在那裡對著自己笑著。

　　在這種心緒下，他想要讀書，那是真的不可能了，甚至連平日裡的飲食都覺得寡然無味，難以下嚥。如果再這樣下去，估計自己會寢食難安。於是，他決定再次去拜訪，以解自己的心結。

　　這次他並沒有耽誤太多時間，可能是之前已經摸熟了路，這一次他很快就到了小院門前。還沒等他敲門，他就聽到從院子裡傳來老翁的陣陣哭聲。這是何人在哭，為何

事而哭？他心頭湧出一種不祥的感覺，不禁加快腳步。害怕自己太唐突失禮，他並沒有馬上進去，而是在門外高聲問屋裡發生了什麼事情。

過沒一會兒，有個頭髮已經花白的老人拄著拐杖顫巍巍地走了出來。淚水仍然模糊著老人的雙眼。他淚眼婆娑地上下打量著崔護，發出一句疑問：「你可是崔護，崔秀才？」眼前的老人竟然知道自己的名姓？這當中是否有什麼因由？他躬身施禮道：「小生正是崔護，崔殷功。這位老伯是哪位，竟然識得在下？」

一聽到崔護的名字，老人家的眼淚又流了下來，帶著哭腔說：「你這個殺人兇手，兇手啊。」崔護一驚。自己並未見過此人，更何況是殺人，這是怎麼一回事啊！崔護的心裡十分難受，只好向老人家詢問。

「老人家，你說我是殺人兇手，那我所殺何人啊？」

老人悲憤地說：「你殺了我的女兒，我那唯一的女兒啊。」

崔護心頭一顫，聲音竟然開始發抖，問道：「你女兒可是芳名為絳娘的女子？」聽到崔護提起自己女兒的閨名，老人家痛哭失聲。好久才平復了情緒，緩緩道來。

「絳娘正是我的小女，今年十之有八。我從小就教她識文斷字，可以說她是知書達禮，算年齡，已該婚配，我找人要給她做媒，說好一門親事。但是她說，自從去年春天見過一個叫崔護的年輕人之後，便沒有辦法再接受第二個人。她也在心裡認定你若對她有意，一定還會再來拜訪的。只是她等了又等，盼了又盼，一年都過去了，卻也沒見你再次登門。她心裡已經做好了放棄的打算，收拾東西要去

親戚家散散心，小住幾日。沒想到就是這幾天，你來了。小女歸家之時，在門上看到你所題的詩，突然明白她在這幾天裡錯過了什麼。也想著估計今生今世再沒有機會見你一面了，於是日日以淚洗面，鬱鬱寡歡，終於一病不起。我這個人已經老了，沒有什麼指望了，原想著能給女兒找個好人家嫁了，讓她有個依靠，可是現在她為你相思成病，就是你這個殺人兇手殺了她。」老人家邊說邊流淚。

崔護聽了這番話，像被雷劈中了一樣，呆呆地不知如何是好。

本來以為兩人僅僅是萍水相逢，雖然自己心為所動，但沒想到那女子用情竟然比自己還深，而自己竟然浪費了一年的時間，辜負了絳娘的情意和期待，他突然感到自己的心有種被撕裂的感覺。

他喃喃地說：「去年春遊，路過此地，和小姐討水有了一面之緣。但因小生忙於備考，未能及時再來相見。前幾日也是思念得緊，就想來再見小姐一面，但未承想撲了個空，於是我題詩即返。但歸家後也是心神不寧，這才有今日特又到訪之事。只是沒想到竟然因我而使得你家遭逢此種變故。我要去見絳娘一面，如果她就此死去，我也不能獨活，自是隨她而去了。」話音未落，他就顧不得禮儀，直奔絳娘的閨房。然而床上的絳娘卻已然沒了氣息。

那張美麗的臉龐，此刻仍存餘溫，看著被自己辜負的女子，想著自己浪費的光陰，崔護不禁悲從中來，聲淚俱下，搖晃著絳娘說：「小姐先走一步，崔護馬上就隨妳去了。」邊說眼淚邊一滴滴地打在絳娘的臉上。

也許是老天也不忍看到這種場面，也許是絳娘的癡情感

動了老天，也許是崔護的哭喊叫醒了上蒼，奇蹟發生了，絳娘竟然咳了一下，吐出一口氣後，甦醒過來，模模糊糊地看見眼前站著一個男人，恍忽覺得是崔護，心中感慨萬千，把自己的臉深深地埋進了崔護的胸膛。

跟著進來的老人家一看這情形，歡喜異常。連忙去準備粥水給絳娘，讓崔護餵她吃下之後，安撫著她睡去。

崔護心裡也是十分高興，他跟老人家說，自己此次定不會再次辜負絳娘，此番回家後，定向父母稟明此事，備下三書六禮，擇一良辰吉日，用八抬大轎，明媒正娶，迎娶絳娘過門。

其實在古代，很多人家還是十分看重門當戶對的。像絳娘和她的父親這種身分不明之人，是很難嫁到崔護這樣的好人家。當崔護回到家裡，將自己與絳娘的事情說明之後，崔護的父母並沒有反對。因為崔護的家裡還算開明，父親也是讀書之人，母親也深明大義，二位都明白自己的兒子和絳娘乃是兩情相悅，因此他們感念兩人用情至深，事到如今也不能棒打鴛鴦了。

雖然絳娘背景身分不明，但為人溫婉善良，知書達禮，也像是受過良好教育的女子，便也未對此事提出異議。

挑好了日子，崔護便將絳娘迎娶進門。對於絳娘的父親，崔家也對其進行了很好的安排，讓他得以安享晚年。老人始終不願意說明自己的出身來歷，崔家也並未追究。自從娶了絳娘以後，家裡的日子過得和和樂樂的。

絳娘溫柔賢慧，孝順公婆，和自己的鄰居處得也相當好。夜裡崔護挑燈夜讀，絳娘在一邊陪伴，還幫崔護準備宵夜。在她的細心照料和陪伴下，崔護的學業可以說是一

帆風順，終於在唐貞元年間進士及第，被皇上任命為官。之後他的仕途一片平坦，官至嶺南節度使。

由於妻子賢德，常常在一些事情上輔佐他，所以他一直都是一個清如水、明如鏡的大清官，並且政績顯著，很受當地百姓的愛戴。

好了，這麼長的一個故事終於講完了。大家看過之後是不是覺得心情還不錯？畢竟這是一個才子佳人大團圓結局的故事，不管是誰看了，都會替故事中人感到高興的。

從唐朝開始，這種才子佳人的故事就越來越多地在社會上出現。據說是因為從隋朝開始的科考制度，使得很多才子從全國各地到京城趕考，才子佳人相遇的機會也就大大增加了。

這些才子有的時候能遇到皇家賜婚，有的時候能夠遇到自己傾心的女子，並與之成婚，總之，因為這些才子的存在，唐人的婚姻圈慢慢地擴大了。而且在唐朝時期還有很多的外國人擁入，他們與漢人一起居住在全國各地，也將一些才子佳人、鬼怪靈異的故事在唐朝傳播。

從古時候流傳的故事來看，那個時候人們的婚姻圈和社交圈並不比現在小，甚至還可能已經超過今日了。

三、自由戀愛？白日做夢！

父母之命，媒妁之言

　　之前，我們已經說到了談戀愛，並且提到唐朝時期，男女的交際圈由於種種原因變得比以前大了很多。我們都知道，人們在談成了戀愛之後就得結婚，所以這回，我們就來說說唐朝的婚姻問題。

　　一提到結婚，現在恐怕已經有很多男人開始齜牙咧嘴地表示不滿了。總說現在這些女人太不好娶，不但要求長相不錯，還要求有房有車，工作穩定，月收入高。娶個妻子，真是太難了。行了，不要再抱怨了，要知道現在結婚真的比古代的時候強多了，所以該知足了。就算是在最時尚的唐朝，想結個婚那也和扒層皮差不多。

　　想想現在的婚禮也並不是十分複雜，甚至在很大程度上還可以根據自己的性子來。一般婚禮也就是找家大飯店訂上幾十桌，之後再請來各路親朋好友共聚一堂，祝賀兩位新婚；或者只有兩家人在一起，吃個飯也就可以結婚了；或者想來個浪漫的，在教堂穿著婚紗來一場西式婚禮，然後一群人在草地上來個自助餐；再或者……這種關於婚禮的點子，還是留給那些婚慶公司來想吧。

　　看看，我們現在有這麼多可選擇的東西，就算要求提得

多一點，這樣那樣的事情煩瑣一點，忍忍也就過去了，又能怎麼樣呢？可要是放到古代，你還想憑著自己的性子準備婚禮？做白日夢吧！

唐人雖然前衛，但是在結婚這種人生大事上，人家也沒有那麼前衛，對說親、下聘、娶親這些步驟，那可都是相當重視的。你以為就是簡簡單單的一個形式就完事了？那是不可能的，人家有人家的風俗習慣。

看大家這樣，筆者覺得還是詳細地講一下，免得哪天不小心穿越過去，然後看上哪家姑娘，提親了，又嫌人家要求多而悔婚，到時候你可就不會像現代這樣，說不結就不結那麼輕鬆了。

話說，現在沒看過古裝劇的人恐怕是不存在的吧。那麼大家有沒有發現，在古裝劇中只要一涉及婚姻問題，總會有一句大家耳熟能詳的臺詞：但凡婚姻大事，都是父母之命，媒妁之言，豈可當兒戲？這句話我們總能聽到，因此定然也讓大家以為，在古代，要是沒有爹娘的應允，沒有媒人說媒，想結婚那是萬萬不可能的。

但不要忘了，我們現在所講的這個朝代是唐朝，是那個在歷史的長河中留下了濃重一筆的唐朝，怎麼說它也是有一些先進性的。

那麼在結婚上面，唐朝會不會也和其他的朝代一樣那麼死板呢？

這件事要先從國家法律條文的層面說起。在唐朝的時候，由於其處於中國封建社會發展的高峰階段，高度發達的政治、經濟、文化為其婚姻禮俗形式奠定了基礎，也因此唐代婚姻制度較前代更加完備和豐富。

在唐朝時期就已經有明確的法律條文規定「為婚之法，必有行媒」，這在《唐律疏議》中是有著詳細記載的。而到了民間，大家也都認可「無媒不得選」這種風俗習慣。不過，雖說上面有各式各樣的規章制度，民間也有許多的要求，但真搬到現實中來，總會有特別的事情發生的，特別是在大唐朝那種開放的社會風氣、前衛的思想面前，即使不用媒妁之言而結婚的，也可是大有人在的。

　　舉個例子來說吧，在《開元天寶遺事》中，有一段關於李林甫嫁女兒的事。

　　李林甫這個人是什麼樣的，在這裡我們就不多說了，相信瞭解歷史的人都知道。現在單講他嫁女兒這個件事。書中記載：「常日使六女戲於窗下，每有貴族子弟入謁，林甫即使女於窗中自選可意者事之。」

　　這在制度森嚴的古代，可算是個突破了。要知道古代的女子都是大門不出，二門不邁的。能夠常常在窗戶外面玩，到最後甚至還讓她們自己挑選丈夫，這可算是個大突破了。

　　李林甫雖然不是個好丞相，但在對待女兒這方面，可也算得上個開明的老爹了。所以，如果你穿越到那個時代，又當了官，說不定還能娶到這位丞相大人的六個女兒中的一個。

　　什麼？你說從書中內容來看，有入選資格的分明都是有錢人家的孩子！廢話，人家那是丞相家的姑娘，就算沒有什麼媒妁之言，你以為就不用門當戶對了嗎？一個窮鬼還想娶丞相家的女兒，那是才子佳人小說和電視劇裡才會出現的橋段，就算人家不計較這些，你也未必能合了人家的心意。哪像現在，有些窮小子，如果女生真的喜歡，還能

當個「鳳凰男」，那個年代這種機會可說是少之又少的。但就古代而言，唐朝一些厲害的人所做的事情，也算是走在時尚的前頭了。

◆圖為莫高窟445窟盛唐婚嫁圖。由敦煌學專家從敦煌石窟的壁畫中發現，在現存的5萬多平方米的壁畫中，至今保存有40餘幅古代「婚嫁圖」，這些「婚嫁圖」起於8世紀的盛唐，終於10世紀的宋初，時間跨度有200多年。

　　除了「媒妁之言」之外，其實最不容易過的還是「父母之命」這一關。那時候和現在不一樣，現在的家長要是不同意，女子還能鬧鬧意見。所以因為爹媽不同意結不成婚的，在現再怎麼說也是少數。

　　但在唐朝不一樣，在那個女子必須「在家從父」的年代

裡，爹媽不同意就嫁人，那不只是要被人戳脊梁骨，甚至還是違法的。因為在《唐律疏議·戶婚》中明文規定：「諸卑幼在外，尊長後為訂婚，而卑幼自娶妻，已成者，婚如法；未成者，從尊長，違者杖一百。」看到沒有？要是不聽話，就得挨一頓板子。

但是，從上面的法律條文中我們也能看出來，這裡面還是有較為人性化的一面的，即如果沒聽爹娘的話，兩個人獨自跑到外面拜了天地，成了親的，政府也會承認你的婚姻是合法的。

這樣看來，擺明了就是在告訴大家，結婚這件事，要是先斬後奏，那也是可行的。這樣說起來，也相當於婚姻自主了。可見，唐朝還真的是相當開明的年代，不愧是古代的時尚大國，連法律也制定得這麼有人性。

如果你再往後看，就會發現唐朝婚姻觀的開放程度，已經完全出乎你的意料了，說不定還會讓你驚得嚇掉大牙呢。不過，這都不是現在我們要說的事情，我們還是接著來說說結婚吧。

前面我們提到，現在想結婚，女方常常要求男方有房有車什麼的，有些人覺得不滿意，認為自己結一次婚，就好像吃了很大的虧。其實能夠說出這話，那是你還不知道在古代結婚是有多麼複雜，多麼費勁。

在講崔護的故事的時候，我們也說過，崔護備好了三書六禮上門求親。那麼什麼是三書六禮呢？

說到三書六禮，這種結婚的傳統由來已久，最遠可以追溯到西周的時候。在《禮記》中記載：昏禮者，將合二姓之好，上以事宗廟，而下以繼後世也，故君子重之，是以

昏禮納采、問名、納吉、納徵、請期,皆主人筵幾於廟,而拜迎於門外,入,揖讓而升,聽命於廟,所以敬慎重正昏禮也⋯⋯敬慎重正而後親之⋯⋯父子有親而後君臣有正,故曰昏禮者,禮之本也。」另外,在《儀禮》中也記載:「昏有六禮,納采、問名、納吉、納徵、請期、親迎。」

大家看到上面那一堆文言文可能已經昏頭了,心中在想這裡講的都是什麼玩意啊?其實這段話說白了,就是在講古代結婚的種種繁瑣步驟。

在這裡也只是想告訴大家,結婚是一件十分不容易的事情,而且造成這種不容易的各種禮俗由來已久,早在西周的時候就已經是那麼麻煩了。

當然,也有人說是從秦朝才開始的。但不管起源到底是什麼時候,至少可以證明一件事,就是結婚從古至今就沒容易過。而今天的婚禮,已經是我們簡化了很多之後的模樣。

那麼唐朝是不是也要遵守三書六禮呢?這點是肯定的。雖然有一些不遵守這種禮法的人存在,但是放眼整個社會,能夠遵守禮法的人還是占大多數的。那些特立獨行的,我們可以稱之為前衛,但他們還是不合禮法的。

四、現代結婚還嫌煩瑣？
看看唐朝吧！

　　那麼，我們現在就來詳細地講講什麼是「三書六禮」。所謂的六禮，就是上面說的在《儀禮》中記載的納采等六件事。

　　納采，是指男方家請媒人到女方家去提親，這就和前面的「媒妁之言」合得上了。而采，當然就是彩禮了。那時候準備的彩禮可比現在多得多，不單是錢這麼簡單的事情。錢那是後來的事，在提親的時候就得先給人家送禮物。這禮物要送三十種左右，而且這些禮物還不是隨隨便便什麼都行的，只有象徵吉祥意義的才可以。

　　而這個時候，媒婆要自己去女方家憑自己的一張嘴說合此事，女方也可以在這個時候打聽對方的家庭背景等事情。不過，也有些不講究的媒婆，因為收男方的錢收得比較多，所以在對方詢問的時候不講真話，只說男方的好處。而後，當女方嫁過去之後才發現男方有很多問題的情況也是常有的。

　　問名，是指男方家請媒人到女方家問女方的名字和生辰八字。問生辰八字這件事情在這裡我就不詳細解釋了，而

問名字這件事，是為了防止同姓的人結婚。為什麼這樣做呢？關於這一點，在之後有關唐人禁止結婚的情況有哪些裡面我們會講到，所以在這裡也就不多說了。反正說到底，這也不過就是六禮中的一道程式。

納吉，是說男方得到女方生辰八字之後，找一個高人來測算，看看兩個人的生辰八字是否相合。納吉也叫過文定，當男方對測算的結果滿意之後，便會趕緊準備彩禮，並讓人告訴女方，咱們這事差不多就算成了，做好準備，我們要送彩禮把這事定下來了。

然後，就是納徵了。納徵也叫「納幣」，還叫過大禮，就是送聘禮，也就是彩禮了。

很多人家納吉和納徵常常是一起進行的，這個過程也可以說是整個結婚過程中重要的一環。這一過程需要男方把聘書和禮書送到女方家裡，在大婚前一個月或者兩個禮拜的時候，男方家會請兩至四位女方家的親戚，跟媒人約好，帶齊彩禮到女方家，這個時候，女方也得回禮意思一下才行。

結婚的事情定下來之後，就得選日子了，也就是請期。一般這種事情都會找大仙之類的人占卜過後，才能定下來。沒辦法，我們現在結婚也要挑日，更何況是在古代呢。

這一系列的事情都做完了，終於可以親迎了。從字面上理解，就是親自迎娶的意思。一般到了這一步，婚禮就差不多要完成了。當然，堂前悔婚的不在我們說的這種範圍內，那在古代不是一件容易做到的事情。

在唐朝的時候，只有以上這六禮都具備了，這段婚姻才算是成立了。古人說：「六禮備，謂之聘；六禮不備，謂之奔。」可見六禮在當時的重要性。如果不是六禮娶妻，

是不算明媒正娶的，雖然唐朝開明，承認私奔的雙方婚姻的合法性，但在別人的眼裡，未經父母之命、媒妁之言，又不是明媒正娶的，就是私奔苟合，會被人家用口水噴死的。

說完了六禮，我們再來說說三書。

三書就是在結婚過程中要用的文書，也就是書面記錄。在那個時候，沒有戶政事務所這樣的部門，要想婚姻有保障，就靠著這三書呢。這當中包括聘書、禮書和迎書。

聘書是定親用的文書，是在「納吉」的時候男方給女方的文字記錄。禮書是在過大禮的時候，列出彩禮都送了些什麼的文書。對於禮書的用途筆者認為它至少有一點好處，就是在退婚的時候不會賴帳，該還什麼就得還什麼。不像現在，有的人收了彩禮後又悔婚，而禮金到底給了多少也說不清楚，還是白紙黑字寫下來比較保險。迎書，當然就是迎娶新娘的時候，男方送給女方的文書了。

除此之外，還有一張很重要的紙，就是婚書，沒有它的婚姻是不受法律保護的。你想離婚，或者想證明自己是正妻，都是很難的事情。

之前，考古團隊曾在敦煌挖出了唐代的婚書，由此也大致瞭解了那個時候的結婚證是什麼樣子的。男方禮請的是通婚書，女方的許諾是答婚書。即「皆兩紙真書」。「真書」是指楷書，那個時候的重要文件都是用楷體寫成的，是為了表示文件的重要性。

那個時候寫婚書有點像我們現在的公文寫作一樣，有固定的格式和模式化的。婚書包括男方和女方家長互相的問候，語言模式也就和我們的「特此通知」之類的用詞一樣，不過用什麼「久仰大名」，「傾慕已久」這之類的用語。

◆圖為莫高窟第85窟中的迎親圖，所繪時間為晚唐。

　　然後才是「別紙」，「別紙」上寫的才是婚書的主體。裡面的主要內容是主婚人與訂婚人之間的關係；男方叫什麼，女方叫什麼；分別都是多大年齡；男方怎麼求婚，女方怎麼應允的，都一一寫在上面。從出土的婚書看來，大概是這樣的格式：

　　某自第幾男（這地方不一定非得是兒子，也可以是弟弟，侄子，是誰結婚，標明和主婚人的關係就行。）年已成立，未有婚媾。承賢第某女（這裡和前面是一樣的），令淑有聞，四德兼備，願結高援。謹同媒人某氏某乙，敢以禮請。若不遺，佇聽嘉命，某自。

　　某自第幾女（同上），年尚初笄，未閑禮則。承賢第某男（同上）未有伉儷，願存姻好，願托高援。謹回姻媒人某氏，敢不敬從。某自。

　　這樣一來一往，婚書就算寫成了，大家不用再擔心自己的婚姻不受法律保護。也正是因婚書對於男女兩家來說都

是極其重要，因此，大家在寫婚書的時候也都十分謹慎。據說在當時還有儀式：「切須好紙，謹楷書，緊卷於函中。函用梓木、黃楊木、楠木為之。函長一尺二寸（象八寸弟子），函闊一寸二分（象十二時），函板厚二分（象二儀），函蓋厚三分（象三才），函內闊八分（象八節）。」蓋好後，「於中心解作三道路子，以五色線縛」。

現在在上網、上論壇或者看新聞的時候，我們也常常能看到，有些人家已經過了彩禮，最後卻由於種種原因導致兩家翻臉，婚結不成了。甚至還有在婚宴當天因為某一方的悔婚，而導致兩家大打出手的，真是太丟人了。

在唐朝，過了彩禮，然後悔婚，說不結了是沒有那麼容易的。因為唐律中規定：「諸許嫁女，已報婚書及有私約而輒悔者，杖六十。雖無許婚之書，但受聘財亦是。」看見沒有，現在這些結婚的鬧劇要是放到唐朝，可不是說給人家退彩禮那麼簡單的事，屁股挨一頓板子那是少不了的。

六十板子，身子骨要是不好的話，很容易就會死於棍下的。

五、結婚在唐朝也不是容易的事

好了，別發抖了，害怕也沒什麼用，只要你不輕易悔婚就不會挨打了。現在還是讓我們接著往下說吧。

現在前面的手續都已經辦完了，接下來就到了大喜之日了。一聽說要迎親了，你是不是第一個就想到洞房了？跟你講，你可別想得太好了，因為從你迎新到你入洞房的這段時間，還有很多讓你頭大的事情呢。不信？那我們就來看看。

現在的婚禮基本都從上午開始，到了中午基本就已經結束了。當然也有一些有個性的人喜歡把婚禮放在晚上舉行。在晚上辦婚禮，在如今好像是一件很前衛的事情。但是在唐朝，結婚這件事就是在晚上進行的，想想是不是很時尚呢？

到了晚上，你就要去迎娶新娘子了。一想到這裡，可能你還在暗自高興，心想這要是在現代，迎娶新娘的時候肯定會有新娘的姐妹堵在門口給你出難題，可是現今你已經穿越到了唐朝，終於可以和她們這些人說再見嘍。

勸你還是別高興得這麼早。俗話說，希望越大，失望就會越大。恐怕你還不知道在當時還有一種叫作「下婿」的風俗習慣，和我們今天給新郎出難題差不多。只不過，我

們如今所出的題和當時那些題的難度，根本就沒有辦法比。也就是說，你想不受新娘親友團的刁難，很容易就把新娘接到手，這根本是你自己一廂情願的想法。按照當時那些題的難度，你如果不提前做好準備，那包准會哭著喊爹娘來救你，求著人家放過你了。

為什麼會這麼說呢？在《封氏見聞錄》中有關於這方面的記載：「近代婚嫁有障車、下婿、卻扇及觀花燭之事。」可見「下婿」在當時是非常流行的一種做法，幾乎家家娶新娘子都會做這些事情。

而到了唐朝時，因為受到「胡人」的影響，中國的婚禮習俗也有了一些顯著的變化。因為當時漢族都是男尊女卑，而外族並不是都如此，因此為了讓女子嫁入男方家之後，男方不要那麼盛氣凌人地欺負女方，產生了一種刁難新郎的風俗，這就是我們所說的下婿。

和今天的姐妹團堵門一樣，那個時候也要透過語言和行動對新郎進行各種考驗，如果考驗無法通過是不會輕易放行的。而關於這些有明確歷史記錄的就是唐朝，要不怎麼說唐朝就是能與時俱進呢。

當然，當時的下婿可真不像我們今天這麼容易。簡單一點、文雅一點的有「催妝」、「卻扇」和「障車」。

根據史料記載：「夫家領百餘人挾車，俱呼曰：『新娘子催出來！』齊聲不絕，登車乃止。」這就是上面所提到的「催妝」。但這可真不是說一幫人在那叫喚幾聲就行了。而是指由新郎自導自演、自編自唱《催妝詩》。

詩的內容一般都是什麼咱們倆郎才女貌、天作之合之類的。唐朝盧儲有首很著名的「催妝詩」：「昔年將去玉京

遊，第一仙人許狀頭。今日幸為秦晉會，早教鸞鳳下妝樓。」還有徐安期的：「傳聞燭下調紅粉，明鏡台前別作春，不須滿面渾妝卻，留著雙眉待畫人。」這些都是在當時很著名的「催妝詩」。

而新娘子聽新郎這麼誇自己，心裡早就想著和心上人結為連理了，在聽到自己欣賞的詩之後，就可以出來應允，隨夫家上轎了。所以，大家如果穿越到了唐朝，還想娶媳婦的話，就要掂量掂量自己有沒有那個文采能讓新娘子跟你走了。

◆圖為榆林窟第25窟的婚禮場面。

而「卻扇」是什麼呢？在唐朝的時候，還不流行蓋蓋頭。那個時候都是用一把扇子把臉遮住，來掩飾自己的羞怯之情。等到婚禮結束的時候，新郎還得作卻扇詩，才能讓新娘把自己手中的扇子取下。據說，之所以有這種風俗，是因為在上古的傳說中，有伏羲氏和女媧氏兩個人結為夫妻的說法，而在這個過程中這二位「結草為扇，以障其面」，後來的人為了追求這種時尚，就讓新娘子手拿扇子。

　　說到「卻扇詩」，也有很多的佳作。比如李商隱的：「莫將畫扇出帷來，遮掩春山滯上才。若道團圓似明月，此中須放桂花開。」還有楊師道作的《出霄看新婚》：「洛城花燭動，戚裡畫新娥。隱扇羞應慣，含情愁已多。輕啼濕紅粉，微睇轉橫波。更笑巫山曲，空傳暮雨過。」這首詩寫得很傳神，把新娘子躲在扇子背後，等待新郎來拿那手中之扇的嫵媚、期盼描繪得淋漓盡致。所以，要是自己文筆不行，又不肯請人來給自己寫點什麼的話，想看看新娘子的容貌可是沒那麼容易的。

　　最後還有一種叫作「障車」的風俗。說到這個障車，其實和我們現代的閨蜜堵門，直到新郎拿出紅包才放行的形式有些類似。因為大唐是個詩歌大國，所以那個時候的障車會讓新郎作個障車文。只有新郎的障車文讓大家滿意了，才會放行，讓新郎將新娘接走。

　　其中最著名的就是晚唐詩人及詩論家司空圖作的障車文：「兩家好合，千載輝光，兒郎偉且子細思量，內外端相，事事相親，頭頭相當，某甲郎不誇才韻，小娘子何暇調妝。甚福德也，甚康強也……滿盤羅餡，大榼酒漿，兒郎偉總擔將歸去，教你喜氣揚揚；更叩頭，神佛擁護，門

戶吉昌，要夫人娘子賢和，會事安存，取個國家可畏忠良！」這篇文章通篇都是代表吉利祥和的文字，很讓那些聽文的人感到開心，所以也更容易讓人放行。

上面說的那些，都是「雅」類的下婿，只要你肚子裡不是空空如也、大字不識，總還是能夠應付過去的。新郎最怕的就是遇到那些不按常理出牌，不跟你來這些文縐縐的，直接戲弄新郎的人。

一般這種情況都是新郎到了女方家之後，女方的親友用各種方法來戲弄新郎。好一點的只是在口頭上開些玩笑，或者用各種行動來耍戲新郎。雖然不是什麼雅事，但是卻讓整個婚禮變得特別熱鬧有趣。但有一些就會讓新郎遭罪了。比如說在新郎進門的時候，要給女家親友「利資」，也就是紅包。然後還要行叩拜禮，新娘的家人會事先在紅氈下放上一些尖銳的硬物，新郎叩頭的時候會被扎得很痛，卻又不能叫出聲來，只能忍著疼痛行完叩拜之禮。

這之後，新娘家人會給新郎端上一碗有講究的湯水來款待他。為什麼會說這碗湯水中有講究呢？那是因為這碗湯水要不就是甜得讓你受不了，要不就是鹹得讓你受不了，要不就是湯裡面放了各種調料，什麼味道都有，可以說是五味雜陳。其實這也包含讓你品味人生五味的寓意。

其中最著名的是「三元湯」，湯裡面放了魚丸、肉丸和湯圓，意思是希望新郎可以連中三元。你想想，魚丸和肉丸都是鹹的，魚丸中還有點腥味，而湯圓可是甜的，這三種東西放在一起能有什麼好味道呢？這種湯簡直就是又油、又鹹、又甜。不過新娘家就是想看新郎在吃這碗湯水的時候猶猶豫豫，想吃又難以下嚥的那副囧樣。

雖然說新娘和岳父岳母都不希望新郎在這種時候難堪，但是那些過來湊熱鬧的親戚卻不這麼想，他們可是只想熱鬧快活，因此每個人都會絞盡腦汁地想出一種能夠戲弄新郎的方法。所以，如果你娶的不是什麼知書達禮人家的閨女，而只是普通百姓家的閨女的話，去之前就得做好被人戲弄的準備了，只有抱著「打落牙齒和血吞」的想法，才能順利接出新娘。

　　另外，即使真的遇到了什麼讓自己在面子上過不去的事情，也絕對不可以給別人臉色看，要時時刻刻記得自己是一個大方的人，否則，你將會成為新娘這邊人茶餘飯後的笑柄。

　　其實上面說的這些也算不得什麼，還有更厲害的，有一些人家的習俗甚至是用棍棒來打人。據說還真的有因為下手太重而致殘致死的。這好好的妻子沒娶著，還賠了夫人又折兵，這可就得不償失了。所以奉勸各位千萬不要抱著僥倖的心理去唐朝娶妻。

　　總之，不管在什麼朝代，娶妻都不是那麼容易的事。但男當大婚，女大當嫁，到了結婚的年齡該結還是得結。這古代有很多人在結婚之前，連自己未來的丈夫或妻子長什麼模樣都不知道，就前仆後繼地去結婚。現在都是自由戀愛，你情我願的，又何必因為酒席、房子、車子等事情壞了大好的姻緣呢？

六、我是男人，所以我想不跟妳過就不跟妳過

離婚

　　講完結婚再講離婚好像並不是一件美好的事情，但有些事情還是要勇敢面對的。這兩口子因為種種原因過不下去了，也不能就一直那麼湊合。否則這樣長久下去，不管是對自己還是對家人來說都是一種傷害。

　　如果兩個人的婚姻還有挽回的餘地，那麼兩個人最好還是過下去，但若是兩個人的婚姻已經走到了盡頭，那麼最好的解決辦法就是離婚，結束這段不幸福的婚姻，才是最明智的選擇。

　　當然，我們所說的是現代社會的情況。在封建社會，想要離婚那是不可能的。但這種情況也僅限於婦女，因為男人如果覺得自己的老婆不好，可以三妻四妾來彌補自己心靈上的空虛，但如果是女子覺得男方不好，除了忍之外，也還是只能忍。男人可以妻妾成群，但如果女子找了幾個男人，那就是不守婦道，不夠貞潔。另外，如果男人不喜歡自己的妻子，還可以選擇休妻。

　　我們剛剛說的都是古代社會的普遍現象。現在我們回到

唐朝，來看看這個時尚界裡的先鋒。唐朝是走在時尚的前端的，那它當時的社會風氣肯定是相當開放。因此，唐朝的婚姻制度並不像其他朝代那樣刻板、死氣沉沉。

相對其他朝代來說，在唐朝女子的地位還得到了歷史性的提高，因此無論是離婚還是再婚，在當時的唐朝來說，都不是一件難事。

其實在唐朝也有婚姻法，婚姻法中甚至還規定了要實行一夫一妻制。從某種程度上來說，丈夫只能擁有一個合法的妻子。但中國的語言博大精深，法律條文上說的是，擁有一個「合法」的妻子。

而這裡的合法，就是像我們前面所說的那種明媒正娶，過了三書六禮，兩家人有婚約為誓，男方用八抬大轎熱熱鬧鬧地將新娘抬進門的這種才叫「合法」，也就是正妻。而其他的只能算是妾，在家裡不管是地位還是其他方面都比正妻要低得多。而且妾是可以隨意買賣的，在唐人的眼裡，妾並不能算是妻子，只能算是填補男子心靈空白的一種商品，因此並不受法律保護。我們接下來探討的是正妻的問題。

唐朝時期其實並不太主張丈夫和妻子改變基本的婚姻狀況，一般都認為兩個人是應該白頭偕老的，所謂「生同床，死同穴」，也就是活著的時候在一起，死了的時候還要葬在一起。

其實不只是在唐朝，自古以來，這種愛情都是癡情男女們苦苦追求的，「願得一心人，白首不相離」這種童話般的生活，有誰不想要呢？但理想終究是理想，而現實也只是現實，當理想遇到現實，往往會變得不堪一擊。愛情這

種東西更是如此。

那麼，如果真的無法在一起了，要怎麼辦呢？當然是離婚了。在唐朝，夫妻之間的離婚方式有以下幾種，即出妻、義絕和離三種方式。

出妻，這種方式還是比較偏向於男人的，可以說是男子專權的一種表現形式。所謂的出妻，這種說法你可能不大明白。但如果我們說「七出之條」，恐怕你就會有種恍然大悟的感覺了。這不是我們常常在古裝電視劇中聽到的「專業名詞」嗎？正是如此。我們在看古裝劇的時候，一般在演到男子要休妻的時候，妻子都會哭哭啼啼地說：「相公，我並未犯『七出之條』，你何以想休我。」這裡所說的「七出之條」，就是「出妻」。

在七出之條中，最重要的一條就是「無後」。所謂「無後」是指妻子因為種種原因，不能替夫家生個孩子來存續夫家的香火。在古代人看來「不孝有三，無後為大」，傳宗接代在中國人的眼裡是個很重要的問題，這點不只是在古代，即使在今天，在有些地方，那些沒有孩子或者沒能生出男孩的女人，在家裡的地位也是相當低的。

反正因為這種想法的存在，古往今來害苦了很多女子。但在醫學發達的今天，我們都知道生男或生女，主要取決於男人，而不是女人。但在蒙昧落後的古代，老人家並不管這個，也不知道這種原因，那時候的人們，只要家中的女人沒有生出孩子，或者沒有生出他們夢寐以求的男孩，他們就會瞧不起這家的女人，而讓男人休了她。

但這種時候休妻也並不是那麼容易的，而是有一個年齡的限制。即到了49歲的時候，仍然沒有生出兒子，那麼就

對不起了，男人要休了妳了。然後，這時妾就可以發揮作用了。如果一個男人對自己的合法妻子還有感情，他可能會選擇娶個妾，如果妾生了一個兒子，就不用休妻了。

看看，這時候找個妾是多麼名正言順，而且還好像是為了女方好。這麼一看，那些描寫穿越到古代的小說中，男人回去後就三妻四妾的，正是男人心理的真實寫照啊。

第二個休妻的理由是不孝順父母。對於這點，其實筆者還是相當同意的。只要不是丈夫毫無原則的愚孝，老人不是以老賣老不講理，作為子女的孝順老人是應該的。如果丈夫和丈夫的父母都是老實人，對什麼事情都不加挑剔，這種時候女人還蠻不講理，對老人不好，即使被休也是活該。

第三，如果女方淫亂，丈夫也是可以休妻的，這個不用說，我想你也可以理解。我想在這個世界上，定然沒有一個男人願意自己每天活得像忍者龜一樣，天天頂著綠帽子生活，畢竟我們又不是武大郎。

別說男人了，就算是女人知道自己的丈夫常常在外面和人鬼混，心裡也會很不舒服的。所以這種休妻的理由，我個人覺得很妥當。

但是，古代對女人還是不公平的，不管什麼都是對女人嚴格要求，對男人的要求則少得多。什麼娶妾，在外面鬼混，在家裡的女人只能忍耐，這就不公平了。

第四個休妻的理由，叫多言。就是說如果一個女人整天和一群女人聚在一起，不幹正事，只知道坐在大樹底下扯人家的閒話，會很遭人討厭。

特別是有事沒事就和別人說自己的丈夫這不好，那不好，或者說自己的公公婆婆怎樣的，在這種情況下，男人

也是可以休了她的。

◆圖為敦煌藏經閣出土的北宋絹畫，描繪的為古代分娩、浴兒的場景。古時候的人很重視子嗣問題，如若女性嫁入夫家久無所出，很有可能會被夫家休棄。

　　第五個理由比較荒唐了，就是善妒。這個條例完完全全是對男人的保護。話說男人娶了小老婆，整天也不見正妻，跟小老婆甜言蜜語，面對妻子的時候，就橫眉冷對，換任何一個人都受不了。憑什麼男人就可以在外面鬼混，而如果女人這樣就叫淫亂？憑什麼男人在娶了小老婆之後，正房不能反對，不能吃醋，更不能妒忌？

　　在唐朝的時候，唐太宗把自己的兩個美若天仙的宮女賞賜給了自己的一個大臣。這個大臣的媳婦一聽就不開心了，雖然這兩個宮女進了大臣家的門，但他的妻子卻一直都在想辦法把她們弄走，甚至還用火燒了宮女的頭髮。

　　唐太宗一聽說這事，就生氣了。他認為一個女人不應該有這麼強的妒忌心，於是他派人送了一杯毒酒給大臣的妻子，說這毒酒喝下去就會一命嗚呼，像她老公這種大官不

可能不納妾，以後更不可能不拈花惹草，如果她一直這樣可不行，所以還是趁早死了吧。

這妻子在我們現在看來，絕對是一個烈女，因為她在聽到聖旨之後，心裡想的是，她就是不樂意讓自己的老公找小老婆，她也接受不了，要不就是他改，要不就弄死她。然後她真的仰頭將毒酒一飲而盡。不過事實上這酒是假的，根本就沒有毒，這只不過是唐太宗跟她開的一個玩笑。

我們今天看來，這玩笑開得真是有點過分了。不能和別的女人分享愛人，這是很正常的想法，憑什麼就認為女人不可以善妒？如果男人不善妒，是不是自己的妻子再找個丈夫，他也不會介意呢？因此，這種條例本身就是對女人的一種不公平。

第六個理由，偷盜。這裡的偷盜也不是我們所理解的是到誰家去偷點東西，而是指妻子偷偷地藏私房錢。在古代，女人要是背著自己的丈夫藏錢，就是「反義」，是不符合規矩的。

想來也挺好笑的，這種情況和現在好像正好相反。現代大多都是丈夫把錢交給妻子保管，丈夫想方設法地藏點錢，以便平時可以和自己的三五好友出去喝點小酒，吃點小菜。

第七個理由，在我們今天來看，也是十分不通情理的。就是女人如果得了惡疾，也會被休掉。

說起來理由比較可笑，古代人認為，如果一個女人得了重病，就不能為祭祀祖先做各種準備。其實這不過是冠冕堂皇的藉口，說穿了就是嫌人家是累贅，那當初說好的白頭偕老，百年好合呢？男方生病，女方就得盡心竭力地照顧，而女方重病就想趕緊甩掉「包袱」，那麼以前的海誓

山盟豈不都成了謊話？難怪會有「夫妻本是同林鳥，大難臨頭各自飛」這樣的話。這種對女子的不公平待遇，還真是讓人無法接受啊！

◆圖為敦煌莫高窟45窟唐代壁畫觀音經變中表現貪嗔癡之《離淫欲》。

七、想休我？沒那麼容易！

　　古代根本就不把女人當人看，所謂的種種習俗無非是助長男人的氣焰，對女人則極其不公平。

　　但這種情況，在唐朝還是得到了一定改善的。因為唐朝在「七出之條」中，特意加入了「三不出」，並且明確地白紙黑字寫在了唐律中。

　　其中規定「雖犯七出，有三不去」。什麼叫三不去呢？就是女家已經無人，你休了我，我就沒地方去了，無家可歸，這種不得休。娶妻的時候一貧如洗，等有錢了，看不上自己的糟糠之妻，想用各種理由把妻子給休了的，也不可以。

　　還有就是為舅姑服過三年喪者不得休。這裡的舅姑是指自己的公公婆婆，為公婆守孝守了三年的女人，你再找理由把她休了就是無情無義，所以這種情況下也是不能休妻的。

　　但是，在「七出之條」中，如果妻子犯了其中的「淫亂」和「惡疾」，那麼即使有「三不出」，也沒有用，反正就是死活都得休了。這麼看來，雖然唐朝有了很大的進步，但是並沒有從根本上解決女子地位低下的問題。

　　不過，從整體上來說，唐朝的律令還是很先進的。其中

也規定了，如果妻子並沒有犯七出之條，但丈夫就是看自己的妻子不順眼，總想把她休了，然後另娶一個，這種可真是沒救了。這樣的人一般會被處以一年半左右的刑罰；而如果妻子符合了「七出之條」中除了「淫亂」和「惡疾」之外的條款，但又有符合「三不去」的情況，丈夫卻要強行把她給休了的，都要處以杖一百的刑罰，而且打還不算，打完了還得把妻子給好好地接回來。

八、想不離都不行

　　以上所說的是偏向男人的出妻情況，對女人而言未免有失公平。而在唐朝，還有一種情況，是官府強制離婚，又叫義絕。這種情況有點像我們今天的「強制離婚」。就是夫妻雙方由於一些原因，沒有辦法和平離婚的時候，就要向法院起訴，然後經過判決，強制離婚。在唐朝，這種情況也是由官府來決斷的。

　　什麼情況會被強制離婚呢？一般存在兩種情況。一種是「違律為婚而妄冒已成者」，要強制離婚。這是說由於一些原因，婚姻並不是受法律保護的，這種情況下的婚姻就是不生效的，此時可以強制離婚。

　　而另一種，就是我們上面所說的「義絕」了。在《唐律疏議・戶婚》中明確規定：「（夫）毆妻之祖父母、父母及殺妻外祖父母、伯叔父母、兄弟、姑、姐妹」「妻毆詈夫之祖父母、父母，殺傷夫外祖父母、伯叔父母、兄弟、姑、姐妹與夫之緦麻以上親，若妻通姦及欲害夫者」「夫妻祖父母、伯叔父母、兄弟、姑、姐妹自相殺者」，均為「義絕」，必須強制離異。

　　其實這種情況也是可以想像，如果出現了上面所說的那

些情況，那這一家該有多亂啊，這種家庭根本就不可能有正常的婚姻。要是家庭已經成了上面所說的樣子，政府若再不同意人家離婚，那才真叫當事人求生不得、求死不能呢。所以這種時候，強制離異就是最好的辦法。

　　一方解脫了，另一方可能就不樂意了。我家都已經這樣了，難不成我必須得離？你不想離都不行，「違者，徒一年」。要說日子都快像上演電影《大逃殺》了，還不肯離婚，那日子還能過下去嗎？所以，必須離！

九、做不成夫妻，我們還能做朋友

和離

　　上面兩種說的都是有點強制意味的離婚方式，而這兩種方式在其他朝代也有類似的存在。但唐朝先進就先進在離婚不只有以上兩種方式，更有一種讓很多朝代的女人羨慕嫉妒恨的離婚方式，就是「和離」。

　　「和離」就像我們今天的協議離婚。也正是所謂「合則聚，不合則散」。在《唐律疏議·戶婚》中規定：「若夫妻不相安諧而和離者，不坐。」這裡面的「不相安諧」可以用「彼此情不相得，兩願離者」做解釋，翻譯過來就是說兩口子因為種種原因，實在是過不下去了，可以選擇協議離婚。對於這種離婚方式，官府不會從法律的角度來追究兩位當事人的責任。看看人家唐人的婚姻觀念多麼的開明，讓我們現代人都不得不佩服。

　　這種離婚方式也算是開創了協議離婚的先河，而且在很多細節上，唐人做的恐怕要比我們現代人還要得體。

　　和現在的協議離婚一樣，唐朝的「和離」也要寫一份協議書，但在那個時候是叫「放妻書」或者「夫妻相別書」。大家看了可能覺得還是不夠公平，因為這最終能不能離的成婚，主動權還是在丈夫手上，丈夫要是不寫「放妻書」，

不同意離婚的話，是不能離婚的，因為女人沒有辦法得到一張具有法律效力的離婚文書。

如果非離不可，也不管丈夫會不會答應的人，會被判充軍發配。少則兩年，多則三年。特別是在還沒離婚的情況下，隨意改嫁的，那在當時也算是重婚。在《戶婚》中記載如下：「諸和娶人妻，及嫁之者，各徒二年，妾減二等，各離之」；「妻妾擅去者徒二年，因而改嫁者加二等」。加二等就是徒三年了，因為「含有背夫之責，故其刑比有妻更娶僅徒一年為重。」

其實在重婚罪這項規定上，對男人也是有些約束的：「諸有妻更娶妻者，徒一年，女家減一等；若欺妄而娶者，徒一年半，女家不坐，各離之。」從這裡來看，雖然對女方還是不太公平，但是在男尊女卑的古代，這種規定已經算是相當公平了。由此也能看出唐朝的思想觀念的開放程度與其他朝代的不同，有些地方是可以和當今社會相提並論的說法也並不為過。

前些年，在敦煌的一個山洞裡出土了很多份唐朝時期的「放妻書」，其中有一份的內容是這樣的：「凡為夫婦之因，前世三生結緣，始配今生夫婦。若結緣不合，比是冤家，故來相對……即以二心不同，難歸一意，快會及諸親，各還本道。願娘子相離之後，重梳蟬鬢，美掃蛾眉，巧逞窈窕之姿，選聘高官之主。解怨釋結，更莫相憎，一別兩寬，各生歡喜。」

看到這封「放妻書」大家有沒有覺得感動呢？啊，什麼你說你看不懂這古代人文縐縐地在說些什麼？好吧，那我們就來看看，這封信的內容到底是寫什麼。

◆圖為敦煌出土的唐朝時期的「放妻書」拓本。

　　其實信的內容很好理解，無非就是說我們倆能結為夫妻
是因為前世有著三生的緣分，但如果這份緣分在我們結合
後所顯出來的是並不適合，那麼我們前世可能就是冤家，
今生來尋仇的。既然我們夫妻二人不能同心一意，那麼還
不如讓各位親朋好友做證，彼此好聚好散。希望我的前妻
在與我分離之後，能夠打扮得漂漂亮亮地重新嫁人，這樣
對我們大家都有好處。

　　我們從這封書信裡完全看不出憎恨和怨悔，只有給對方
的祝福。字裡行間無不顯露出男方對女方的關切之意。明
明此封信後，兩人可能就形同陌路，再無任何瓜葛，從此

相忘於江湖，但男方仍然對女方致以最誠摯的祝福，沒有一點對女方歧視的態度。這不得不說是唐人與其他朝代人不同的思想觀念所導致的。

這也確實是值得我們現代人思考。像現在，只要一談到離婚，幾乎很少會有好聚好散的。很多人都會因為財產和孩子的撫養權問題而使兩人本來就已經薄得像紙一樣的情分，一捅即破。當年的那份情早已不復存在，甚至還有人大打出手，不僅鬧得兩家人都處於敵對狀態，就連孩子的生活也受到了很大的影響。

總之，透過以上種種的講述我們也能發現，唐朝時的婚姻觀念是蠻自由的，這種自由之風幾乎吹遍了整個唐朝，也為接下來我們要講述的一些事情做好了鋪墊。

十、離婚了，守寡了，日子還是得繼續過

　　其實說到唐朝這種開放的風氣，可以說是由高層帶動起來的。先不提別的，單說那些法律就十分開明。比如說女子在離婚之後可以再嫁，在喪偶之後也不必非得守寡。在唐朝，女子改嫁可以說是再正常不過的事情。女人改嫁不用害怕有人在背後指指點點，不用怕被三姑六婆的口水淹死，從上面透露出的資訊就能發現，在唐朝，改嫁這種事情，官方是很提倡的。

　　唐太宗貞觀元年，皇上下了一條詔令，詔令中說：「男年二十，女年十五以上，及妻喪達制之後，孀居服紀已除，並須申以媒娉，令其好合。」看看人家，政府是想方設法地幫助寡婦再找人家，而且還以此作為自己的義務，這是個多麼開明的政府啊。

　　不僅如此，在《唐律疏議》中對此也有諸多的規定：「諸夫喪服除而欲守志，非女之祖父母、父母而強嫁之者，徒一年；期親嫁者，減二等，各離之。」人家不光做了這種規定，還在後面附加瞭解釋：「婦人夫喪服除，誓心守

志，唯祖父母、父母得奪而嫁之。」這是什麼意思呢？說白了就是如果女人的老公死了，而女人又不願意再嫁人的話，除了老爸老媽，爺爺奶奶，其他人是不可以強迫這個女人再找戶人家嫁了的。

但這裡也說了，是其他人不能，如果是自己的爹娘或者爺爺奶奶不希望看到女人年紀輕輕就守寡，最後孤獨終老，還是可以強制性要求她再嫁的。

因此，如果你在唐朝聽說誰的老公死了，她又嫁人了，而且還嫁得不錯的這種事，千萬不要大驚小怪的，因為對於開明的唐人來說，這一點都不算什麼。不要說是普通老百姓，就連皇族的成員，那還比老百姓開放大膽得多。

歷史上赫赫有名的唐朝公主太平，就可以作為一個例子拿出來說。太平公主的第一任丈夫薛紹因為某些原因被武則天害死了，後來太平公主又被武則天嫁給了武家的一個人，而其在結婚之後，極其放蕩，常常公開包養男寵，並且還介紹自己中意的男寵給自己的母皇武則天，她們真可以說是一對「奇葩」母女了。當然，武則天本人就是完全打破了古代男權主義的第一人。

可能也是因為這些，唐朝時候的公主都不太好找婆家。在中國本來是有句老話叫：「皇帝的女兒不愁嫁。」但這話拿到唐朝來說，還真就不太適用。任誰都知道，皇帝的女兒一般想高攀還高攀不上呢。但為什麼到了唐朝，這皇帝家的女兒竟然成了燙手山芋呢？究其原因，還是和唐朝那彪悍的風氣分不開。

受胡人的風俗影響，唐朝的皇室對待婚姻的開放程度比民間有過之無不及。特別是那些從小到大嬌生慣養的公主，

更是喜歡在男人堆裡打滾，私生活上多多少少都可以找出讓人八卦的風流野史。

唐高祖李淵的女兒，也就是李世民的姐姐房陵公主，在出嫁之後還與姦夫廝混。房陵的老公一生氣，就把自己妻子的姦夫給殺了。殺了一個人不要緊，但那是房陵的心愛之人，她能同意嗎？於是房陵不幹了。

「憑什麼啊？我一個堂堂公主，就算嫁給你，那在身分地位上也是比你高的，我偷個情怎麼了？就你們男人可以三妻四妾的，我養一個小白臉，還被你給弄死，這日子是沒辦法過了，離婚！」然後，他們二人還真就離了。

唐太宗的女兒高陽公主在歷史上也算有名了，而且她的姦夫也同樣有名，就是辯機和尚。你沒看錯，她的姦夫的的確確是個和尚。所以這些公主的名聲都很不好，讓人避而遠之。

而且，這些公主都沒有那種男尊女卑的想法，到了夫家也不肯像正常的妻子一樣盡本分。你想，人家怎麼說也是金枝玉葉，憑什麼對你又跪又拜的，那是不可能的。不只這樣，公公和婆婆反而還得向她們行君臣之禮，時間長了誰家也受不了。

再加上公主有自己的宅府，駙馬住的就是公主的地方，簡直像入贅一樣。雖然娶了公主之後，身分提升了，成為了駙馬，但說白了，這稱呼也不過是說著好聽而已，根本沒有什麼實質性的權力，還少了男人應該有的尊嚴和地位。換句話說，這官當的跟沒當也沒有什麼區別，所以，在唐朝公主想要嫁人那真的是難上加難。

永續圖書
線上購物網

www.foreverbooks.com.tw

- ◆ 加入會員即享活動及會員折扣。
- ◆ 每月均有優惠活動，期期不同。
- ◆ 新加入會員三天內訂購書籍不限本數金額，
  即贈送精選書籍一本。（依網站標示為主）

專業圖書發行、書局經銷、圖書出版

永續圖書總代理：
五觀藝術出版社、培育文化、棋茵出版社、大拓文化、讀
品文化、雅典文化、知音人文化、手藝家出版社、璞申文
化、智學堂文化、語言鳥文化

活動期內，永續圖書將保留變更或終止該活動之權利及最終決定權。

▶ 時尚唐人

（讀品讀者回函卡）

■ 謝謝您購買這本書，請詳細填寫本卡各欄後寄回，我們每月將抽選一百名回函讀者寄出精美禮物，並享有生日當月購書優惠！
想知道更多更即時的消息，請搜尋"永續圖書粉絲團"

■ 您也可以使用傳真或是掃描圖檔寄回公司信箱，謝謝。
傳真電話：（02）8647-3660　　信箱：yungjiuh@ms45.hinet.net

◆ 姓名：＿＿＿＿＿＿＿＿＿＿　□男 □女　　□單身 □已婚

◆ 生日：＿＿＿＿＿＿＿＿＿＿　□非會員　　□已是會員

◆ E-mail：＿＿＿＿＿＿＿＿　電話：（　）＿＿＿＿＿

◆ 地址：＿＿＿＿＿＿＿＿＿＿＿＿＿＿＿＿＿＿＿＿＿

◆ 學歷：□高中以下　□專科或大學　□研究所以上　□其他＿＿＿

◆ 職業：□學生　□資訊　□製造　□行銷　□服務 □金融
　　　　□傳播　□公教　□軍警　□自由　□家管 □其他＿＿＿

◆ 閱讀嗜好：□兩性　□心理　□勵志　□傳記　□文學　□健康
　　　　　　□財經　□企管　□行銷　□休閒　□小說　□其他

◆ 您平均一年購書：□5本以下 □6～10本　□11～20本
　　　　　　　　　□21～30本以下　□30本以上

◆ 購買此書的金額：＿＿＿＿＿＿＿＿＿

◆ 購自：□連鎖書店　□一般書局　□量販店　□超商　□書展
　　　　□郵購　　　□網路訂購　　□其他

◆ 您購買此書的原因：□書名　□作者　□內容　□封面
　　　　　　　　　　□版面設計　□其他

◆ 建議改進：□內容　□封面　□版面設計　□其他＿＿＿＿
　　您的建議：

讀好書品嚐人生的美味

時尚唐人